本书出版得到以下项目资助

广东省自然科学基金项目（S2013040015261）

广东高校优秀青年创新人才培养计划项目（2012WYM_0035）

广州市哲学社会科学发展"十三五"规划项目（2016GZGJ25）

华南农业大学林学与风景园林学院教师发展基金

旅游开发与管理前沿研究论丛

公众参与遗产保护的
激励机制研究

刘小蓓　著

暨南大学出版社
JINAN UNIVERSITY PRESS

中国·广州

图书在版编目（CIP）数据

公众参与遗产保护的激励机制研究/刘小蓓著.—广州：暨南大学出版社，2017.6
（旅游开发与管理前沿研究论丛）
ISBN 978 - 7 - 5668 - 2148 - 5

Ⅰ.①公…　Ⅱ.①刘…　Ⅲ.①文化遗产—保护—公民—参与管理—研究—中国　Ⅳ.①G122

中国版本图书馆 CIP 数据核字（2017）第 164063 号

公众参与遗产保护的激励机制研究
GONGZHONG CANYU YICHAN BAOHU DE JILI JIZHI YANJIU
著　者：刘小蓓

出 版 人：徐义雄
责任编辑：潘雅琴
责任校对：何利红
责任印制：汤慧君　周一丹

出版发行：暨南大学出版社（510630）
电　　话：总编室（8620）85221601
　　　　　营销部（8620）85225284　85228291　85228292（邮购）
传　　真：（8620）85221583（办公室）　85223774（营销部）
网　　址：http://www.jnupress.com
排　　版：广州市天河星辰文化发展部照排中心
印　　刷：广州市穗彩印务有限公司
开　　本：787mm×960mm　1/16
印　　张：13.375
字　　数：230 千
版　　次：2017 年 6 月第 1 版
印　　次：2017 年 6 月第 1 次
定　　价：42.00 元

序

　　无论是自然遗产还是文化遗产，都是老天爷、老祖宗留给我们的宝贵财富。这些遗产积淀和凝聚着深厚的自然、文化内涵，成为反映地球演变、人类创造力以及人类与自然关系的有力物证，是全人类的共同财产。我国拥有辽阔而多样的国土以及几千年悠久的历史文化，我们有幸继承了丰富的自然、文化遗产，对这些宝贵遗产的保护与利用承载着我们民族历史、现在与未来的责任。

　　我国日益重视对遗产的保护。从2006年起，就将每年六月的第二个星期六定为"文化遗产日"，同时也采取多种措施保护遗产。然而，仅凭政府的力量，很难完全做好遗产保护工作。目前社会上也有很多人认为遗产保护是国家的责任、政府的事，与己无关。而事实上，我们每个人都是遗产的主人，都有责任保护它们，并将它们传承给我们的子孙后代。在这样的背景下，研究公众参与遗产保护有着重要的现实意义。

　　以往遗产保护的研究更多关注政府如何采取保护行动，往往忽略了公众在遗产保护中的主观能动性及应承担的责任与义务。本书则旗帜鲜明地提出应积极引导全民共同参与遗产保护，尤其关注遗产利益相关者在遗产保护中的利益诉求及其作用。在本书中作者能够很好地将质性研究与量性研究有机结合，深入探讨公众参与遗产保护的动力与阻力，提出并验证了公众的遗产认知、权利意识、责任意识以及参与能力等个人因素与人们参与行为之间的关系。本书所设计的公众参与激励机制以及提出的公众参与路径选择，为公众参与遗产保护提供了新的思路。

　　本书作者刘小蓓是我的博士生，她长期从事旅游规划、遗产旅游、文化景观保护等方面的教学、研究与实践活动，具备较为扎实的理论基础并积累了丰富的实践经验。攻读博士期间，她勤奋好学，广泛阅读，勤于思考，治学严谨，对自然、文化遗产的保护与利用问题一直抱有浓厚的兴趣。我曾经对我的博士生说，要和博士论文谈一辈子的恋爱。刘小蓓一直和她的遗产保护与利用问题相恋，自她博士毕业之后，相继主持的广东省自然科学基金、广东省教育厅青年人才培养计划课题和广州市"十三五"哲学社会科学项目均与遗产保护有关。本书就是在其博士论文的基础上不断修订、完善与拓展而成。她持续关注本书的案例地开平碉楼遗产保护情况，读博士期间以及毕业之后多次到该地进行调研，与相关管理部门负责人交流，深入各村落与村民访谈，获取了大量宝贵的一手素材。作为她的导师，我很高兴看到她的研究成果出版，也希望她能够在这方面继续深入研究，因为公众参与遗产保护是一个值得持续研究的课题。我相信，这本书的研究成果将成为该领域相关理论的重要组成部分，也将为我国正在如火如荼兴起的遗产保护及遗产旅游开发实践提供有益的借鉴与启示。

　　是为序。

2017 年 5 月于暨南园

目　录

绪　论

1.1 研究背景

1.1.1 社会背景：公众参与时代的到来

进入 21 世纪以来，我国政府进一步加强了民主建设，人民当家做主被界定为社会主义民主政治的本质和核心。党的十七大报告已明确提出"坚持国家一切权力属于人民，从各个层次、各个领域扩大公民有序政治参与，最广泛地动员和组织人民依法管理国家事务和社会事务、管理经济和文化事业""推进决策科学化、民主化，完善决策信息和智力支持系统，增强决策透明度和公众参与度，制定与群众利益密切相关的法律法规和公共政策原则上要公开听取意见"，这就意味着老百姓在公共事务的管理、对与之有切身利益关系的法律法规的制定、公共政策的出台等方面，将拥有更大的参与权与发言权，公众参与得到了政治上的认同。

随着我国社会经济的快速发展，人们受教育程度的不断提高，文化素质的逐步提升，人们的民主意识、权利意识进一步增强，他们要求知情权、参与权、表达权和监督权得到更充分的保障。人们开始积极参与一些公共事务管理，在环境保护、城市规划、基层治理、公共预算等方面都可以看到公众参与的身影。如 2007 年厦门 PX 化工厂搬迁事件①，2009 年广州市番禺垃圾焚烧厂事件②，这些事件最终的解决都基本上顺应了民意，充分体现了公众参与的作用。而草根大众也在关注参与事件的过程中，进

---

① 2007 年厦门市政府要在离市中心很近的地方建造一个 PX 化工厂。厦门大学化学系教授、政协委员赵玉芬认为 PX 是高致癌物质，会导致极高的胎儿致畸率。"两会"期间，她联合 104 名政协委员，向政府交了提案，要求暂缓 PX 项目，重新进行选址勘察论证。然而这未能阻止政府的决策。最后成千上万的市民到厦门市政府门前"集体散步"，最终厦门市停建 PX 化工厂。这是一起公民参与环保、自发维权的成功案例。

② 2009 年广州市政府发出通告，决定在番禺区大石街会江村与钟村镇谢村交界处建立生活垃圾焚烧发电厂，计划于 2010 年建成并投入运营。番禺大石数百名业主提出抗议并不断上访，项目被暂时搁置。经过公众调查、意见收集、环评公示等环节，最终选址南沙区大岗镇建设第四热电厂，负责处理番禺区和南沙区的城市生活垃圾。

一步增强了权利意识和民主意识，逐渐认识到，他们有权利对政府权力运行以及决策进行监督，并强烈要求参与公共事务决策，从而使公众参与由虚拟走向现实，从表面参与走向深度参与。

目前，我国政治体制改革正向纵深化推进，政府执政观念也在发生变化。政府逐渐意识到所承担的社会管理责任越来越大，肩上的担子越来越重，而管理能力明显不足。为此，逐步转变职能，将一部分社会管理职能转给社会公众，尤其是社会组织，这对于政府而言十分必要。公众参与的必要性和重要作用得到了政府的认可，政府已经意识到"公众参与是把街头抗争纳入制度和秩序范围内解决的最好途径"①。因此，一些地方已经逐渐对行政和社会资源进行有序让渡，有意识地引导公众参与社会管理，努力改变目前"大政府，小社会"的局面。

可以说，我国政治体制改革的深化，政治上对公众参与的认同，公众权利意识以及民主意识的觉醒，加之互联网的广泛应用，使我国逐渐步入一个公众参与的时代，公众在诸多公共事务方面将发挥着越来越大的作用。

1.1.2 现实背景：遗产保护需要从精英保护走向全民参与

我国的遗产数量众多，类型丰富。这些遗产植根于特定的人文和自然环境，记录着大自然的变迁，承载着人们的集体记忆，具有突出的科学价值、历史文化价值和美学价值。然而，这些遗产目前正遭受着种种破坏，亟须人们对它们进行保护。一方面，由于自然因素的作用，如地震、飓风、寒暑变化、风吹雨淋、微生物侵蚀等原因，遗产正在慢慢地衰败；另一方面则是来自人类的破坏，如战争、非法盗掘、不适当的旅游开发、城市化进程的推进、各种市镇建设工程的实施所带来的建设性破坏等。近些年，我国各地掀起了申报世界遗产的高潮。截至2016年7月，我国以50项物质类的世界遗产的成绩位居全球第二，成为世界遗产大国。但是，世界遗产的保护状况却不容乐观。由于一些地方"重申报，轻保护"，重视遗产的经济价值，忽略遗产的保护工作，保护观念错位等，使得世界遗产项目面临危险的境地。如2000年水洗"三孔"事件使曲阜"三孔"的文

---

① 蔡定剑. 公众参与及其在中国的发展 [J]. 团结，2009 (4)：32－35.

物与建筑遭到破坏①；2003 年世界文化遗产武当山古建筑群的重要组成部分之一遇真宫，被出租用作武馆，因管理不慎导致火灾，最有价值的主殿三间共 236 平方米的建筑全部化为灰烬，周边的文物也遭受不同程度的破坏；在第 31 届世界遗产大会上，我国故宫、长城、颐和园、丽江古城、布达拉宫和云南三江并流保护区六处世界遗产地需要在大会上就管理问题作出相应的解释，其主要问题集中在旅游过热、破坏原生态、法律不健全、改变土地用途、监测系统不力等方面。种种问题的出现，破坏了世界遗产的"真实性"与"完整性"，同时也凸显出遗产保护的必要性和紧迫性。

我国遗产保护的重任主要是由政府来承担，政府投入资金，专业人员提供技术。从事遗产保护工作的通常是专业人员，他们掌握一定的专业知识和技术，对于遗产的保护与传承有较大的帮助。但是，遗产资源是一种公共资源，具有消费的非排他性和竞争性，属于全民所有，公众也有参与遗产保护的权利和义务。《中华人民共和国文物保护法》就明确规定了"一切机关、组织和个人都有依法保护文物的义务"。尤其是遗产与当地民众的生活息息相关，与当地居民在历史、文化和情感上有着紧密的联系，当地居民积极参与遗产保护，将会极大地促进遗产的可持续发展。可以说，遗产保护是一项全民的事业，需要全社会的共同行动。早在 1956 年国务院颁布《关于在农业生产建设中保护文物的通知》就强调要"加强领导和宣传，使文物保护成为广泛的群众性工作"。1997 年国务院发文《关于加强和改善文物工作的通知》也指出要发动、组织人民群众参与文物保护工作，并提出建立"国家保护为主并动员全社会参与的文物保护体制"。事实上，在遗产保护实践中，公众参与确实起到了一定的积极作用，如北京梁思成、林徽因故居（简称梁林故居）的保护、北京东四八条的保护等都是由于公众的积极参与而取得了成功。我国的遗产保护逐渐呈现从专业人士保护走向全民参与的趋势。公众有参与遗产保护的意愿，而要解决目前所面临的诸多问题，也需要公众的积极参与。可以说，公众参与的程度决定着遗产的未来命运。因此，有必要将"自上而下"的保护与"自下而上"的保护有机结合起来，逐步让更多的公众参与到遗产保护的各项活动中。

---

① 2000 年底，曲阜市负责"三孔"等文物旅游景区管理的文物旅游服务处，在对"三孔"（孔庙、孔府、孔林）等文物景区进行的一次卫生清理活动中，出现了用水冲刷、硬物摩擦和掸抹、擦拭文物的现象，致使这三处古建筑群的 22 个文物点不同程度地受到损坏。

1.1.3 理论背景：公众参与的研究方兴未艾

公众参与在西方国家是一项日益兴盛的现代民主制度，产生于20世纪60年代。对于公众参与的研究，从早期雪莉·阿恩斯坦（Sherry Arnstein）提出的"市民参与阶梯理论"至今，公众参与所涉及的领域越来越广，包括环境保护、城市规划、立法、公共决策等方面，而研究的视角与深度也在不断地拓宽、加深。从早期研究公众参与的技术、方法、路径逐步转向公众参与的有效性评价。公众参与在我国20世纪90年代开始兴起，之后逐渐成为广泛的社会行动，成为我国社会的热点问题。公众参与的相关研究也逐步展开，主要集中在环境保护、城市规划、立法、公共决策和治理等方面，至于遗产保护的公众参与研究成果则相对较少。我国的公众参与研究方兴未艾，如何借鉴西方的公众参与理论与成功实践经验？如何引导公众参与遗产保护？如何激励公众参与遗产保护？怎样评价公众参与遗产保护的有效性？……这一系列的问题都值得在未来的研究中重点关注。

1.2 问题的提出

遗产，尤其是世界遗产，具有突出的、普遍的价值，它不仅仅是大自然和老祖宗留给我们当代人的宝贵财富，也是我们的子孙后代可以继承的财富。世界遗产强调遗产的真实性、完整性以及世代传承性。我国的世界遗产目前主要依赖政府的保护力量，而政府由于各种原因，在遗产保护的决策方面可能会出现"政府失灵"现象。如1998年世界自然遗产武陵源风景名胜区因人工化、商业化氛围过浓，自然环境遭到严重破坏而受到了世界遗产委员会的"黄牌"警告，这与政府管理不当有很大关系。鉴于世界遗产公共资源的特殊属性，公众有必要参与遗产保护。然而，目前我国遗产保护工作主要采取"自上而下"的保护方式，更多是由政府官员和专家等少数人来推动，公众参与保护严重不足。真正的遗产保护应当是全民的共同保护，是政府"自上而下"与公众"自下而上"保护的结合。

实践证明，遗产保护工作做得好的国家，大都与发挥民间力量的作用密不可分。但在遗产保护实践中，最大的挑战是如何谋求公众的参与、协助与支持。因此，如何引导公众参与遗产保护？遗产保护的利益相关者如何界定？哪些因素影响与制约他们有效地参与遗产保护？而哪些因素又会激励他们参与保护工作？能否构建一种有效的激励机制鼓励并保障公众（尤其是关键利益相关者）参与到遗产保护中来？这些都是我国遗产保护工作所面临的现实问题，也是亟须解决、值得深入探讨的问题。

本书试图从利益相关者的视角分析遗产各利益相关者的利益诉求，剖析推动与制约公众参与遗产保护的各种因素，从制度层面探究可促进公众积极参与的激励机制，并提出公众参与遗产保护的实现路径。进而从总体上论证"利益是推动公众参与遗产保护的重要动力，合理的制度安排能够激励公众积极参与遗产保护"这一观点。

1.3　研究意义

1.3.1　理论意义

遗产保护已经引起了学者们的广泛关注，然而，尽管有关遗产保护的研究成果不断涌现，但更多的是研究遗产的价值、遗产的管理、遗产的开发与利用或者具体保护技术等内容，而较少从利益相关者的角度出发，从激励机制设计、制度安排的视角研究遗产保护的公众参与相关问题。本书运用利益相关者理论，揭示利益的实现与满足对于公众参与遗产保护的推动作用，试图通过合理的制度安排激励公众积极参与保护，这是对已有研究成果的有益补充，能够进一步拓展公众参与的研究领域，为遗产管理与保护研究提供新的视角和理论支持。

本书试图突破以往公众参与相关研究主要运用定性分析为主的研究套路，将规范研究与实证研究结合起来，运用结构方程模型分析公众的个人因素对其参与保护的影响，努力将定性研究与定量研究有机结合起来，使研究结果更为科学、更具有说服力，这对遗产保护研究有一定的方法论意义。

1.3.2 实践意义

遗产保护与管理问题已经引起了社会各界的广泛关注，尤其是有关世界遗产的保护问题，政府承受的压力日渐增大。引入公众参与思路，一方面可减轻政府负担，同时加强公众对政府行政效果的监督，体现社会主义民主；另一方面，也能增强公众遗产保护意识，更好地保护遗产。本书将为公众参与遗产保护提供有效的路径选择，这对于推动遗产的可持续发展具有一定的实际应用价值和指导意义。

目前，政府提倡通过宣传教育、提高公众的遗产保护意识来激励公众积极参与。这是十分必要的，但还远远不够。必须设计一种激励机制，将公众的责（任）、权（利）、利（益）有机结合起来，引导公众自觉参与遗产保护。本书所设计的公众参与遗产保护激励机制，能够充分发挥公众的积极作用，可为政府和相关管理部门的决策制定和角色调整提供理论依据，为我国遗产保护提供实际指导，对其他的公共资源管理也具有一定的借鉴意义。

本书不仅适用于物质类的遗产保护，对于我国各级风景名胜区、自然保护区、森林公园以及非物质文化遗产等的保护也具有一定的指导与借鉴作用。

1.4 研究内容

本书主要由 8 章所构成，具体如下：

第 1 章，绪论。主要介绍选题背景、研究意义、研究内容、研究方法和技术路线、案例选取的理由及其概况等。

第 2 章，理论基础与文献综述。主要对遗产与世界遗产、公众与公众参与等核心概念进行界定与辨析，并对本书所运用的利益相关者理论、公共选择理论、治理理论以及激励理论等进行阐述。对国内外大量相关文献进行梳理和分析，综述国内外有关公众参与、遗产保护以及公众参与遗产保护等领域的最新研究进展。

第 3 章，遗产保护公众参与的国际经验借鉴。对法国、美国、日本的遗产保护经验进行介绍，总结其遗产保护公众参与的特点。通过分析、比较法、美、日、中四国的遗产保护状况，总结出有益的公众参与遗产保护国际经验，说明其对我国遗产保护的启示。

第4章，遗产利益相关者的界定与利益诉求。根据专家调查评分法界定遗产利益相关者，并依据各利益相关者在遗产保护方面应承担的责任大小与管理权力大小，对遗产利益相关者进行分类；详细分析关键利益相关者，即政府、旅游企业、社区居民和游客的利益诉求，为后续激励利益相关者参与遗产保护研究奠定基础。

第5章，公众参与遗产保护的动力与阻力。强调公众参与遗产保护的重要性，分析公众参与遗产保护的现状。通过实地调查与访谈，积极探寻推动与阻碍公众参与遗产保护的各种影响因素，构建公众参与遗产保护的"动力—阻力"模型。

第6章，个人因素对参与遗产保护影响的实证研究。重点研究个人因素，主要包括年龄、性别、文化程度、权利意识、责任意识、遗产认知、参与能力等对参与保护行为倾向的影响程度。

第7章，公众参与遗产保护的激励机制与实现路径。通过剖析公众参与遗产保护的各种激励因子，构建参与保护的激励模型，并设计由权利保障机制、利益表达机制、利益分配机制、信息反馈机制以及监督管理机制所构成的公众参与遗产保护激励机制。最后，引入善治理念，为公众参与遗产保护提供实现路径。

第8章，结论与展望。对上述研究结果进行概括，得出相应的结论，并对本书的创新之处、存在的不足以及未来研究的方向进行说明。

本书研究的总体框架如图1-1所示。

```
                          ┌─────────────────┐
                          │    绪　　论      │
                          └────────┬────────┘
                    ┌──────────────┴──────────────┐
                    ▼                              ▼
            ┌───────────────┐              ┌───────────────┐
            │   文献综述     │              │   相关理论     │
            └───────────────┘              └───────────────┘
          ┌──────┬──────┬──────┐       ┌──────┬──────┬──────┬──────┐
          ▼      ▼      ▼       │       ▼      ▼      ▼      ▼
```

| 公众参与研究进展 | 遗产保护研究进展 | 公众参与遗产保护研究进展 | | 利益相关者理论 | 公共选择理论 | 治理理论 | 激励理论 |

```
                          ┌──────────────────────────────────┐
                          │  遗产保护公众参与的国际经验借鉴    │
                          └──────────────────┬───────────────┘
                                             ▼
                          ┌──────────────────────────────────┐
                          │  遗产利益相关者的界定与利益诉求    │
                          └──────────────────┬───────────────┘
                                             ▼
                          ┌──────────────────────────────────┐
                          │  公众参与遗产保护的动力与阻力      │
                          └──────────────────┬───────────────┘
                                             ▼
                          ┌──────────────────────────────────┐
                          │  个人因素影响公众参与保护的实证研究 │
                          └──────────────────┬───────────────┘
                                             ▼
                          ┌──────────────────────────────────┐
                          │ 公众参与遗产保护激励机制与实现路径 │
                          └──────────────────┬───────────────┘
```

| 制度与激励 | 激励模型 | 激励机制 | 实现路径 |

```
                          ┌─────────────────┐
                          │   结论与展望     │
                          └─────────────────┘
```

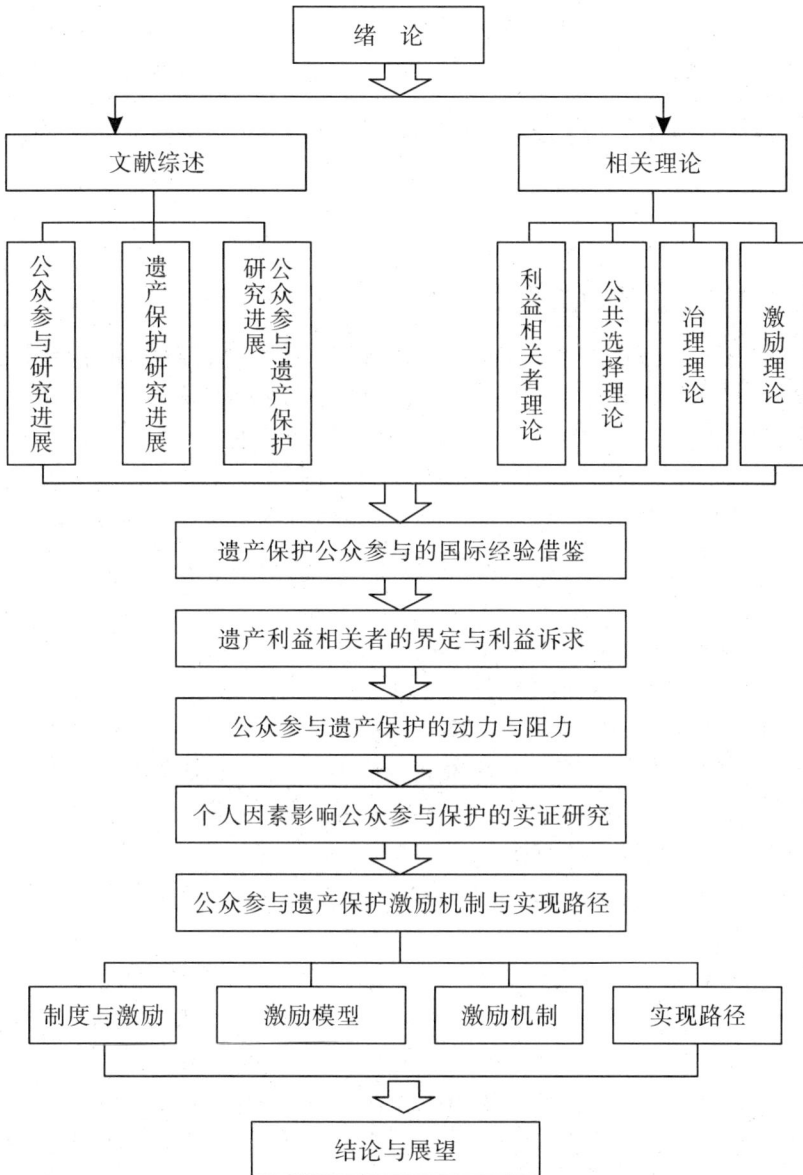

图 1 - 1　研究总体框架

1.5　研究方法和技术路线

1.5.1　主要研究方法

本书综合运用了规范研究与实证研究、定性分析与定量分析等方法。规范研究是运用演绎和归纳的方法，注重从逻辑方面回答"应该怎样""应当是什么"或"应该怎样解决"等问题，其主要特点是在进行分析之前，先确定相应的准则，然后再依据这些准则来分析、判断研究对象目前所处的状态是否符合这些准则；而实证研究是以实施结果为标准，验证、衡量理论或观点、假说的正确性，其主要特点是通过对客观存在物的验证来概括、说明已有的结论是否正确。规范研究与实证研究相结合，有助于研究问题的解决。本书具体的研究方法包括以下几种：

1. 文献研究法

本书的资料主要来自一手和二手资料。一手资料主要来自问卷调查、深度访谈以及参与观察；二手资料主要从已出版的书籍、公开发表的论文、报纸、报告等渠道获得。本书查阅了国内外大量相关文献资料，在充分把握有关公众参与遗产保护研究的最新资料基础上，及时了解国内外最新研究动态。在对相关文献研究的综合分析基础上，形成自己的观点。

2. 访谈法

运用半结构访谈和非结构访谈方法，与专家、关键人物、社区居民以及游客就公众参与遗产保护的相关问题进行访谈，深入了解各方意见，为研究提供素材支持。

（1）专家访谈。运用半结构访谈方法，在进行访谈之前预先将访谈提纲提交给从事旅游管理、城市规划、建筑设计与保护等方面的高校教师、专家，然后与他们预约时间进行访谈。面对面访谈的时间通常为半个小时至两个小时，利用录音笔记录，然后进行整理。访谈的目的是为了了解专家们对公众参与遗产保护的态度与看法，从他们那获悉制约公众有效参与遗产保护的因素以及激励公众参与遗产保护的手段等。

（2）关键人物访谈。与遗产保护相关部门的关键人物进行非结构性的访谈，主要包括开平市文物局局长、旅游局副局长、开平碉楼旅游发展有限公司副总经理、遗产景区的中层管理人员、广州南湖国旅旅行社中层管理人员、央视 CCTV2 深圳站记者等，访谈的主要目的是了解遗产管理情况、遗产保护的相关规章制度、遗产保护与开发存在的问题和面临的挑战、对公众参与保护的态度及相关举措等。

（3）社区居民访谈。主要对开平赤坎古镇、立园及其附近的仓东村、自力村、马降龙村落、锦江里村落、三门里村落的村民进行访谈，了解他们对遗产认知、遗产保护的态度及行为倾向，对遗产开发旅游的态度，对参与遗产保护的态度及阻碍他们参与的原因，能够激励他们参与遗产保护的因素等。

（4）游客访谈。访谈主要围绕游客对碉楼的价值认知、游客的旅游动机、遗产保护态度、参与遗产保护的意愿等方面进行。

表 1 - 1　访谈的对象

类型	领域	访谈对象
专家访谈	从事旅游管理等方面教学与实践工作	山东大学教授 1 名，副教授 1 名；四川大学教授 2 名；华南师范大学教授 1 名
	从事申遗工作和遗产保护研究	五邑大学教师 1 名；华南农业大学教师 3 名
关键人物访谈	政府部门，从事遗产保护管理工作	开平市文物局局长 1 名
	政府部门，从事旅游开发与管理工作	开平市旅游局副局长 1 名
	旅游企业，从事旅游开发与管理工作	开平碉楼旅游发展有限公司副总经理 1 名
	旅游企业，从事景区基层管理工作	遗产景区基层管理人员 5 名
	旅游企业，从事导游管理工作	广州南湖国旅旅行社中层管理人员 1 名
	媒体，从事宣传工作	央视 CCTV2 深圳站记者 1 名
社区居民访谈	碉楼业主后代	瑞石楼业主后代 1 名；马降龙村落碉楼业主后代 1 名
	从事旅游接待工作（做农家饭、售卖土特产品）的村民	立园、自力村、马降龙村落的村民 12 名
社区居民访谈	村干部	自力村村长，仓东村村长共 2 名
	普通村民	各个村落的村民合计 42 名

（续上表）

类型	领域	访谈对象
游客访谈	外国游客	1 名日本游客
	普通游客	各景点游客合计 23 名

3. 问卷调查法

本书设计了专家、社区居民和游客三种问卷。

（1）专家问卷调查。专家问卷调研，主要面向遗产保护与管理方面的专家、学者，旨在界定开平碉楼的利益相关者，厘清各利益相关者与遗产地保护责任的大小，以便提出激励各利益相关者参与保护的方式与相关措施。调研活动共邀请了 32 名专家填写问卷，其中 18 名是理论界的专家，其余 14 名来自实践界。

（2）社区居民问卷调查。社区居民问卷分为两部分，第一部分主要涉及居民对遗产价值的认知、参与遗产保护的态度和行为、影响参与保护的因素等内容，以单选题或多选题的形式出现；第二部分主要分析个人因素对参与保护的影响，主要运用李克特 7 点量表。2011 年 7 月至 10 月，在立园、自力村、仓东村、马降龙、锦江里、三门里、加拿大村、赤坎古镇、开平市区等地开展问卷调研。调研期间，通过现场、网络等形式共发放了 650 份问卷，其中现场 600 份，网络 50 份，收回 633 份。其中第一部分有效问卷 604 份，第二部分有效问卷 538 份。

（3）游客问卷调查。游客问卷与社区居民问卷一样分为两个部分，第一部分主要涉及游客的旅游动机、参与遗产保护的态度和行为、对开平碉楼旅游景点的满意度等内容；第二部分与社区居民的一致。调研期间，共发放了 550 份问卷，回收了 490 份，其中有效问卷 444 份。

4. 比较分析法

一方面，通过梳理国内外相关文献，就公众参与研究的领域、内容与方法进行比较分析；另一方面，对不同社会文化背景下，法、美、日、中四国遗产保护情况进行分析、比较，旨在借鉴先进经验，使所构建的遗产保护公众参与激励机制更具科学性、有效性。

5. 实地考察法

除了对开平碉楼遗产地进行考察外，笔者还奔赴福建土楼、澳门历史城区、长城、故宫、颐和园、丽江古城等多处世界文化遗产地以及九寨沟、黄龙等世界自然遗产地进行实地考察,尤其是福建土楼,与开平碉楼在保护上有相似之处。通过对多处遗产地进行考察,有利于进行横向比较,对案例进行深入的探讨。

6. 统计分析方法

本书运用 SPSS 18.0 对问卷数据进行处理和分析,分析内容包括描述性统计分析、信度与效度分析、T 检验、方差分析等;运用 AMOS18.0 对个人因素影响公众参与遗产保护进行探索性因子分析和验证性因子分析。

1.5.2 技术路线

本书研究的技术路线如图 1 - 2 所示。

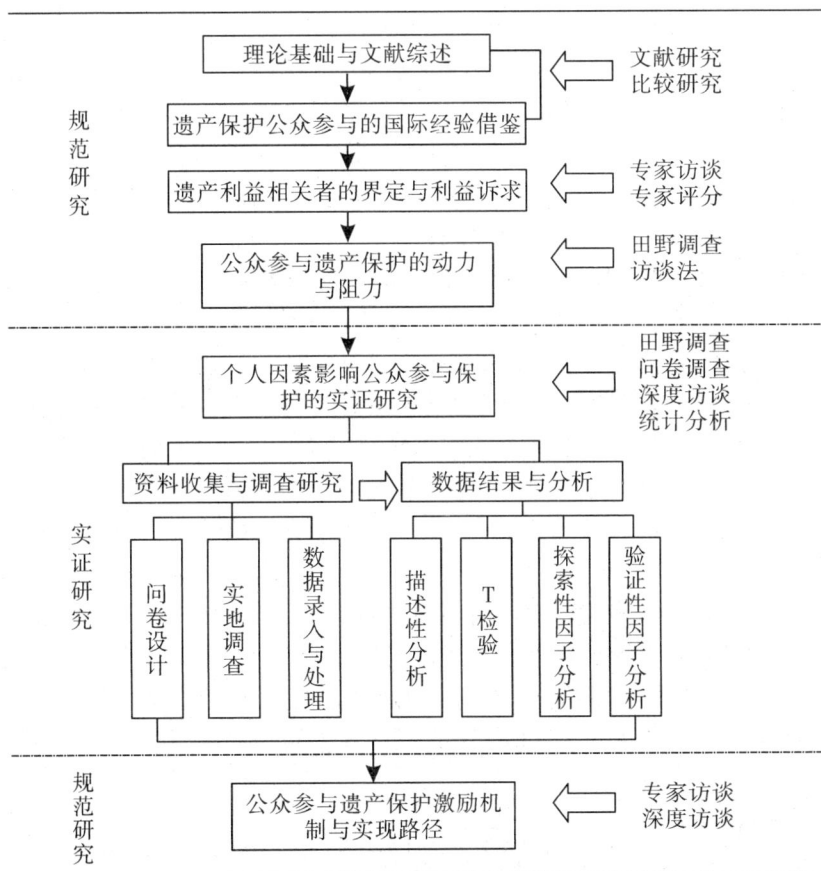

图 1 - 2 研究技术路线

1.6　案例地的选取及其概况

1.6.1　研究样地的基本概况

1. 开平碉楼概况

开平位于广东省的中南部，与新会、恩平、台山、鹤山一起被誉为"五邑侨乡"，是全国著名的侨乡，港澳台同胞及旅居海外华侨约有 75 万人，海外华侨分布在世界 68 个国家和地区，享有"华侨之乡""建筑之乡""艺术之乡"和"碉楼之乡"等美誉。开平碉楼是中国乡土建筑的一个特殊类型，是一种集防卫、居住和中西建筑艺术于一体的多层塔楼式建筑。19 世纪末 20 世纪初，返乡华侨在开平仿照西方建筑形式，兴建碉楼。据统计，开平历史上碉楼最多时有 3 000 多座，现存碉楼 1 833 座，散布在全市 18 个镇 3 060 个村落。其中塘口、百合、赤坎、蚬冈四个镇的碉楼较多，共有碉楼 1 231 座，占总数的 67.2%（程建军，2007）。这些碉楼建筑特色突出，既有古希腊、古罗马以及欧洲中世纪拜占庭和哥特式建筑，也有反映欧洲文艺复兴时期以及资本主义革命时期的建筑痕迹。

开平碉楼主要有防卫和居住两大功能，此外还有储藏、防洪防涝、开展公共活动等作用。根据碉楼功能特点的不同，可以将开平碉楼分为居楼、众楼和更楼三种类型。居楼是由较为富裕的人家独资兴建，以居住功能为主的碉楼（图1-3 和图1-4）；众楼是由全村或若干户人家集资共建的一种碉楼，因其有"众人集资，众人使用"的特点故称之为"众楼"（图1-5）；更楼是夜晚打更报时、防守瞭望预警的碉楼（图1-6）。"匝楼"和"灯楼"是更楼的两种形式。灯楼因上置探照灯而闻名，匝楼则是村口值更警戒用的建筑物。碉楼原来的功能随着时代的变迁已发生了巨大的变化，除闲置、废弃的碉楼之外，现在的碉楼主要用于居住、展览、仓库、养殖等。

图 1 – 3 自力村铭石楼（居楼）　　图 1 – 4 锦江里瑞石楼（居楼）

图 1 – 5 马降龙村天禄楼（众楼）　　图 1 – 6 塘口方氏灯塔（更楼）

　　开平碉楼与村落是东西方文化在中国传统乡村融合的特殊载体和历史见证。2007 年，开平碉楼与村落正式列入《世界遗产名录》，成为中国第 35 处世界遗产，它既是我国首个华侨文化的世界遗产项目，也是国际移民文化的第一个世界遗产项目。联合国教科文组织世界文化遗产评审专家狄丽玲（2007）认为开平碉楼与村落最典型地代表着一种独具艺术风格、地域特色、时代标志和审美价值的建筑类型和乡村规划，展现的是人类建筑文化交流与景观组合的一个杰出品类，具有杰出的价值。开平碉楼与村落世界文化遗产地区域主要包括赤坎镇三门里村落、塘口镇自力村村落与方氏灯塔、百合镇马降龙村落群和岘冈镇锦江里村落，4 处 221 座碉楼，约

占开平现存碉楼总数的 12.6%。

表 1-2　开平碉楼与村落世界文化遗产地简介

归属地	名称	简介
赤坎镇	三门里村落	三门里村落建于明朝正统年间（1436—1449 年），为关氏家族所建。村落中最有历史价值的建筑是迎龙楼，建于明朝嘉靖年间（1522—1566 年），是开平市现存修建年代最早的碉楼。迎龙楼坐西北向东南，占地面积为 152 平方米，建筑面积为 456 平方米，砖木结构，楼高 3 层 11.4 米，为全村制高点。迎龙楼方形建筑形体没有受到外来因素的影响，是开平碉楼最原始的模式
塘口镇	自力村村落	自力村东距开平市区 12 千米，由犁头咀（安和里）、合安里和永安里三条方姓自然村组成。清道光十七年（1837 年）犁头咀首先立村。该村民居格局与周围自然环境协调一致，村落布局呈零星状。自力村碉楼建筑精美，保存完好，布局和谐，错落有致，四周良田万顷，稻香阵阵。村落中的碉楼和居庐一般以始建人的名字或其意愿命名。现存 15 座碉楼，其中铭石楼最精美
塘口镇	方氏灯塔	方氏灯塔坐落在自力村村落南 1.5 千米的山坡上，是自力村附近几个方氏家族村落为了联防，于民国九年（1920 年）共同集资兴建。灯塔坐西南朝东北，混凝土结构，占地面积 20.25 平方米，高 5 层共 18.43 米。楼体造型主要突出防御功能，中下部开小窗，每层墙体和平台上都设置射击孔，外观封闭坚实，在历史上对防备北面马冈一带的土匪袭击起到了积极的预警防卫作用
百合镇	马降龙村落群	马降龙碉楼群位于开平市百合镇百合墟东南面，东北距开平市区 15 千米，是由永安、南安、河东、庆临、龙江五条自然村组成，为黄、关两姓家族于清朝末年至民国初年兴建。现有村民 171 户共 506 人，其中 80% 为侨户。海外侨胞多于国内人口，主要分布在美国、加拿大、澳大利亚等国。该村生态环境十分优美，有 13 座碉楼，这些碉楼造型别致，保存完好，掩映于村后茂密的竹丛中，与周围民居、自然环境融为一体

（续上表）

归属地	名称	简介
岘冈镇	锦江里村落	清朝光绪年间（1875—1908 年），由黄氏家族按规划建成此村。建村之初，由黄氏家族中威望很高的黄贻桂划定村首界面线，规定纵巷宽 1.5 米，每三排建一横隔巷，第一条横隔巷宽 1.5 米，从第二条横隔巷开始一律宽 60 厘米，划出统一面积的宅基地由族人认购，要求房屋统一为 6 米高。村后并列着瑞石楼、升峰楼、锦江楼三座碉楼

资料来源：根据开平碉楼网（http://www.kaipingdiaolou.com）相关内容整理。

2. 开平碉楼与村落世界文化遗产相关管理部门

申遗之前，开平碉楼与村落的保护管理工作主要由开平市文化局管理。2001 年开平市为 1 833 座碉楼建立了文字、图片档案，建成了数据库。2007 年成立了广东省第一个文物行政管理机构——开平市文物局，碉楼具体的维修与保护工作由文物局承担。成功申报世界遗产之后，根据我国遗产属地管理原则，开平碉楼与村落世界文化遗产主要由开平市委和市政府管理。文物局在市委、市政府的指导下开展专业保护工作。近些年，文物局在碉楼管理与保护方面作出较多的努力，制定碉楼保护相关规定，修订碉楼保护规划，成为开平碉楼的关键"守护者"。

2010 年，开平市成立了广东开平碉楼旅游发展有限公司。该公司是一个全资国有企业，旅游景区开发和管理、旅游纪念品开发经营、房地产开发经营、园林绿化工程和会议组织接待是其主要的经营业务。公司目前共有员工 190 人，其管理的范围包括立园、马降龙、自力村、三门里、锦江里、赤坎影视城、开元塔、南楼八大景区，以及开平广旅国际旅行社有限公司、开平潭江游娱乐服务有限公司和开平碉楼旅游产品有限公司三个子公司。目前开平碉楼世界遗产的旅游开发工作主要由该公司负责。公司按照"政府搭台、企业唱戏、市场运作、互利共赢"的机制运作。针对省内市场，倡导休闲自驾游"粤游越精彩"；针对国内市场，打造滨海碉楼概念；针对国际市场，打造"粤港澳旅游航母"；针对台湾市场，打造"开门见山（孙中山故居）"线路；针对华侨市场，打造华侨寻根之旅[1]。近些

---

① 对开平碉楼旅游发展有限公司副总经理周洽强的访谈。

年，该公司注重市场推广，加大广告投放力度，运用事件旅游等形式扩大了开平碉楼的知名度。电影《让子弹飞》更是让主景地开平碉楼知名度迅速提升，吸引了越来越多的游客。

目前开平碉楼遗产的管理模式主要是"三权分立"，即产权归业主，管理权归文物部门，而经营权归旅游部门。

1.6.2　研究样地选择原因

本书之所以选择广东的开平碉楼作为研究案例，主要是基于以下三个原因：第一，开平的碉楼数量多，分布散，而且大多数碉楼因无人居住而日益败落。1 833 座碉楼分五级保护，重点保护的一、二级碉楼目前有 500多座，但是因为保护经费有限，资金主要投入自力村、锦江里、三门里和马降龙四个世界遗产地上。早在 2007 年，开平碉楼与村落保护资金缺口三年内已达 2.8 亿元，中国文物保护基金会成立了开平碉楼与村落专项基金并承担其中的 0.5 亿元，但是仍有 2.3 亿元的资金缺口①。保护经费匮乏，给碉楼的保护及相关的配套设施完善等工作带来了很大的难题。第二，开平碉楼的产权性质较复杂，致使遗产管理困难重重。目前的 1 833 座碉楼中，90% 以上是居楼，产权属于户主个人所有，只有少数几栋众楼产权属于公有或集体。有 50 多座碉楼在申遗前已经交由政府托管，保护情况相对较好。但是其余 90% 以上的碉楼已无人居住，由于缺乏保护资金，目前的保护状况不容乐观。即使政府要维修碉楼，也必须和碉楼主人协商。但经常出现的问题是，碉楼主人难觅踪影，海外寻主的重重困难加大了遗产保护的难度。如何处理好碉楼的所有权、管理权和经营权之间的矛盾成为开平碉楼遗产保护工作中的一个棘手问题。正是由于以上两点，碉楼遗产保护陷入了困境。当地政府试图突破困境，提出了"政府托管"和"碉楼认养"两个举措。但就现状来看，这两个举措都并未完全取得良好的效果，遗产保护任重而道远。开平碉楼的保护可以说是中国遗产保护的一个缩影，是一个具有典型意义的研究样地，可为公众参与遗产保护研究提供鲜活而丰富的素材。第三，笔者本人素爱开平的碉楼建筑以及当地的乡村田园风貌，曾多次到开平碉楼参观考察，积累了一定的素材。

---

① 肖欢欢．碉楼申遗成功之后，抱着金饭碗没饭吃［N］．广州日报，2010 - 12 - 14（008）.

理论基础与文献综述

2.1　核心概念与理论基础

2.1.1　核心概念的界定

1. 遗产

"遗产"（heritage）一词大约产生于20世纪70年代的欧洲，最初的含义是指从我们的祖先那里继承的东西。然而并非所有的东西都能够继承下来，社会会通过某种价值体系来筛选遗产，而这种价值体系会随着时空的变化而变化。如以前在建筑物上"涂鸦"被视为一种破坏行为，然而在法国巴黎第2区的一幢老建筑，尼穆利用富有诗意的"涂鸦"将它的一堵很普通的墙变得生动起来，从而使得这幅"涂鸦"成为这个街区的"遗产"。

遗产包括的范围较广，它既可以是物质的，也可以是非物质的；既可以是文化的，也可以是自然的。由于遗产具有某种价值，因而那些具有个人价值的物品被称为个人遗产或家庭遗产，而那些由国家或社区确定具有价值的东西则成为"我们共同的"遗产（Hall & McArthur，1998）。这些共同遗产往往通过一些象征、图标甚至是神话形成了某种集体认同感（collective identity）。进入20世纪以来，遗产的内涵与范围不断扩大，城市、自然和环境也可以成为遗产，甚至还包括传统技能、地方语言、生活方式等。

遗产可按不同的分类标准进行划分。如Prentice（1993）根据遗产的特点，将遗产划分为自然遗产（natural heritage）、建筑遗产（built heritage）、工业遗产（industrial heritage）、活态文化遗产（living cultural heritage）、个人遗产（personal heritage）以及黑色遗产（dark heritage）。根据遗产存在的不同层次或等级，也可以将其划分为世界遗产、国家遗产、本地遗产和个人遗产，这些遗产都与"人类共同遗产"这一概念相关（图2 - 1）。

1972年颁布的《保护世界文化和自然遗产公约》，将遗产划分为文化遗产、自然遗产以及文化与自然双重遗产三种类型。文化遗产主要包括从历史、艺术或科学角度看，具有突出的普遍价值的建筑物、碑雕和碑画，具有考古性质成分或结构的铭文、窟洞以及其联合体；从历史、艺术或科学角度看，在建筑式样、分布状况或与环境景色结合方面，具有突出的普遍价值的单立或连接的建筑群；从历史、审美、人种学或人类学角度看，具有突出的普遍价值的人类工程或自然与人工联合工程以及考古地址等地方。而自然遗产则包括从科学或保护角度看，具有突出的普遍价值的地质和自然地理结构以及明确划为受威胁的动物和植物生境区；从审美或科学角度看，具有突出的普遍价值的由物质和生物结构或这类结构群组成的自然面貌；从科学、保护或自然美角度看，具有突出的普遍价值的自然名胜或明确划定的自然区域。2003 年，在《保护非物质文化遗产公约》中界定了新的一类遗产，即非物质文化遗产，主要指被各群体、团体，有时为个人视为文化遗产的各种实践、表演、表现形式、知识和技能及其有关的工具、实物、工艺品和文化场所。本研究中的遗产主要指人类社会发展遗留给我们的文化遗产和自然遗产，并不包括非物质文化遗产。

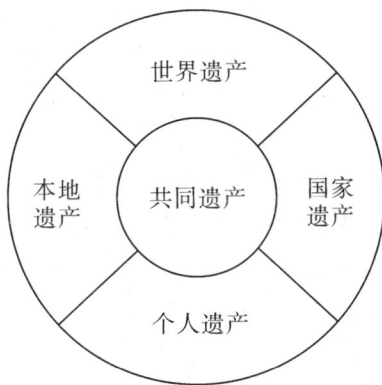

图 2 - 1　遗产的划分

资料来源：戴伦·J. 蒂莫西，斯蒂芬·W. 博伊德. 遗产旅游［M］. 程尽能，主译. 北京：旅游教育出版社，2007：13.

2. 世界遗产

（1）世界遗产的由来及其内涵。由于年久失修，加之社会和经济的加速变化，文化遗产和自然遗产往往面临着被损毁和破坏的威胁。一些国家由于经济、科学和技术力量较弱，导致在遗产保护工作上有心无力，宝贵的人类遗产损毁严重。20 世纪 60 年代至 70 年代初，在联合国教科文组织的倡导之下，不少国家参与了抢救埃及努比亚地区古迹的工作。在这一过程中，许多国家意识到，只有通过国际的相互协助，才能更好地保护人类的宝贵遗产。整个国际社会有责任通过提供集体援助，参与保护具有突出的普遍价值的文化遗产和自然遗产。这种援助尽管不能代替有关国家采取的行动，但可以是它的有效补充。

在这样的背景下，1972 年联合国教科文组织大会通过了《保护世界文化和自然遗产公约》（简称《世界遗产公约》），首次正式提出了"人类共同遗产"的概念，并以一种有效的制度促进集体保护这些遗产。《世界遗产公约》的诞生是一个里程碑，它标志着保护世界遗产的全球化行动的开始，同时世界遗产的概念也得到国际法上的确定。"世界遗产"是指被联合国教科文组织和世界遗产委员会确认的、人类罕见而又无法替代的、为全人类公认的具有突出意义和普遍价值的文化与自然财富，具有很高的历史、艺术和科研价值（薛岚，吴必虎，齐莉娜，2010）。世界遗产是全人类共有的，它既属于世界遗产地的人民，也属于全人类。它不仅仅是我们当代人的遗产，也是子孙后代的宝贵财富。

（2）世界遗产的分类。1972 年通过的《世界遗产公约》只确定了文化遗产、自然遗产以及文化与自然双重遗产三种类型。1992 年在美国圣菲召开的联合国教科文组织世界遗产委员会第 16 届会议提出了"文化景观"这一新的类型，更强调人与自然共荣共存、可持续发展的理念。随着人们对世界遗产内涵理解的加深，1998 年，联合国教科文组织公布了《人类口头和非物质文化遗产代表作条例》，正式提出了非物质文化遗产概念，并于 2003 年联合国教科文组织第 32 届大会通过了《保护非物质文化遗产公约》，将语言、民间文学、神话、音乐、舞蹈、戏曲、戏剧、社会风俗、礼仪、节庆等无形文化遗产一并包含在内，补充了《世界遗产公约》未涵盖的内容，扩大了世界遗产的范围，使其不仅仅包含物质类的遗产，也包括非物质类的遗产。至此，世界遗产共包含了五种类型。需要说明的是，本书主要关注的是物质类的遗产，非物质文化遗产暂不在本书的研究范围之内。

（3）我国的世界遗产项目。1985 年我国成为世界遗产缔约国，1987 年诞生了第一批共 6 项世界遗产，自此之后，我国的世界遗产数量逐年攀升。截至 2016 年 7 月，我国共有 50 个项目被联合国教科文组织列入《世界遗产名录》，其中世界文化遗产 30 项，世界自然遗产 11 项，世界文化与自然双重遗产 4 项，世界文化景观遗产 5 项。（具体项目可见表 2 - 1）。

表 2－1　中国物质类世界遗产项目

类别	遗产项目及其列入时间
文化遗产 （30 项）	长城（1987）、明清故宫（1987，2004）、莫高窟（1987）、秦始皇陵及兵马俑坑（1987）、周口店北京人遗址（1987）、承德避暑山庄及其周围寺庙（1994）、拉萨布达拉宫历史区（1994，2000，2001）、曲阜孔庙、孔府、孔林（1994）、武当山古建筑群（1994）、平遥古城（1997）、苏州古典园林（1997，2000）、丽江古城（1997）、北京皇家祭坛——天坛（1998）、北京皇家园林——颐和园（1998）、大足石刻（1999）、皖南古村落——西递、宏村（2000）、龙门石窟（2000）、青城山—都江堰（2000）、明清皇家陵寝（2000，2003，2004）、云冈石窟（2001）、中国高句丽王城、王陵及贵族墓葬（2004）、澳门历史城区（2005）、殷墟（2006）、开平碉楼与村落（2007）、福建土楼（2008）、河南省登封“天地之中”历史建筑群（2010）、元上都遗址（2012）、中国大运河（2014）、丝绸之路（2014）、土司遗址（2015）
自然遗产 （11 项）	九寨沟风景名胜区（1992）、黄龙风景名胜区（1992）、武陵源风景名胜区（1992）、云南三江并流保护区（2003）、四川大熊猫栖息地（2006）、中国南方喀斯特地貌（2007，2014）、江西三清山风景名胜区（2008）、中国丹霞地貌（2010）、云南澄江化石地（2012）、新疆天山（2013）、湖北神农架林区（2016）
文化与自然双重遗产（4 项）	泰山（1987）、黄山（1990）、峨眉山—乐山大佛（1996）、武夷山（1999）
文化景观遗产（5 项）	庐山（1996）、五台山（2009）、杭州西湖（2011）、红河哈尼梯田（2013）、花山岩画（2016）

注：截至 2016 年 7 月。

3. 公众与公众参与

（1）公众。公众的英文表述为“public”，泛指一般的大众，有时也特指某一方面的公众、群众。公共关系学中的公众是一个“集合体”，可以是公民，也可以是组织。政治学中，公众常表述为“citizen”，特指公民，而“public”指的公众，包括外国人和被剥夺政治权利的人。由此可见，公众包含了公民、公民个人与社会组织，是公众参与的主体。

"公众"一词的概念较为模糊且多元化，这与当今社会多元利益主体有一定关系。表2-2中列出了一些有代表性的关于"公众"的定义。

笔者认为，"公众"是指除政府之外的与决策事项相关的任何个人、法人和社会组织，既包括本国公民，也包括居住在国内的外国人；既包括个体，也包括社会团体。需要指出的是，政府主要包含行政机关、立法机关以及司法机关等国家权力机构，虽不属于公众，却是公众参与最重要的组织者、实施者。本书中的"公众"是指与遗产可持续发展事务有利益关系或对其感兴趣的任何个人或组织，包括普通民众、专家学者、非政府组织 NGO 等。

表2-2   "公众"的代表性定义

提出者	定义
《奥胡斯公约》（1998）	公众是一个或多个自然人或法人，以及按照国家立法或实践，兼指这种自然人或法人的协会、组织或团体
赵德关（2006）	公众，笼统地讲是指作为政府管理和服务对象的公民、法人以及其他社会团体、组织，具体地讲包括城市居民、外来人员、机关企事业单位以及其他城市生产、生活共同体的成员
马洪雨（2007）	公众是指除政府以外的一切个人、法人和其他社会组织
王春雷（2008）	只要是一定时期内，在某个城市参与生产、生活并与城市管理具有利害关系的单位和个人，均应被视为公众的组成部分
万玲（2009）	公众是一个社会概念，通常指具有共同的利益基础、共同的兴趣或关注共同社会问题的社会大众与群体
蔡定剑（2009a）	公众个体不分国籍，不限于某国家公民，在一国居住的外国人、自然人、法人或具备法人资格的协会组织等都属于"公众"的范畴

（2）公众参与。外国文献中 public/citizen participation、public involvement、public/citizen engagement、public input、community involvement/participation、public consultation 等词语均有公众参与公共事务管理的含义，但它们使用的层次和开始使用的时间有所不同。public/citizen participation 是早期出现的词语，其使用较为广泛，泛指公众参与公共事务的管理；public/

citizen involvement 是在 20 世纪 60 年代中期开始使用的，美国联邦政府当时推行"新公民参与运动"，要求州和地方政府在实施城市改造计划过程中，应赋予公民参与管理的权利；public/citizen engagement 在近十年来使用的频率开始增多，该词强调当代公民积极参与社区事务管理，投身公共服务，充分使用公民权利，提升自主管理能力，促进民主治理。国内将上述词语翻译过来，名称不一，包括公民参与、公共参与、公众参与等。"公共参与"只强调参与是个公共过程，而没有参与的主体；"公民参与"不能概括参与的主体，参与的不仅是公民，而应是所有的居民；"公众参与"一词突出了参与的主体是公众，相对较为准确（蔡定剑，2009b）。

到目前为止，国内外公众参与相关研究主要集中在环境保护、城市规划、立法、公共事务管理、基层治理等方面，学者们从不同的角度对"公众参与"概念进行阐释，公众参与的概念没有统一的界定。根据国内外相关文献，本书归纳整理了以下 10 种"公众参与"的代表性定义（表 2 - 3）。

表 2 - 3   "公众参与"的代表性定义

序号	提出者	定义
1	Arnstein（1969）	公众参与就是权力的再分配，它使那些被排除在现有政治和经济体系以外的公民，能够参与到社会决策中来
2	Glass（1979）	公众参与就是提供一种机会，可供民众参与政府决策和规划的过程
3	Robert（1995）	公众参与即公众参与决策的过程。它是一个通用术语，包含了一些机制和实践，它们在模式、正式程度以及决策过程的时间性上有所不同。它涵盖从信息提供和咨询，到达成共识、调解和谈判的范围
4	Warriner（1997）	公众参与是指普通百姓通过有目的的和有组织的方式，与政策制定者沟通、交流他们对社会事务看法的途径或方法
5	Duan（2005）	公众参与是指任何利益主体或受影响的群体参与决策的过程，主要包括普通大众的代表、科学家、利益相关者等
6	王琳（2006）	公众参与是指社会成员自觉、自愿地参加社会各种活动或事务管理的行动，是社会成员对公共管理中各种决策及其贯彻执行的参与，是对社会的民主管理

（续上表）

序号	提出者	定义
7	王凤（2007）	公众参与就是各利益群体通过一定的社会机制，使更广泛意义上的公众尤其是弱势群体能够真正介入决策制定的整个过程中，实现资源公平、合理配置和有效管理
8	贾西津（2008）	公众参与是指公民通过政治制度内的渠道，试图影响政府的活动，特别是与投票相关的一系列行为
9	王锡锌（2008）	公众参与是指在行政立法和决策过程中，政府相关主体通过允许、鼓励利害关系人和一般社会公众，就立法和决策所涉及的与利益相关者相关或者涉及公共利益的重大问题，以提供信息、表达意见、发表评论、阐述利益诉求等方式参与立法和决策过程，并进而提升行政立法和决策公正性、正当性与合理性的一系列制度和机制
10	蔡定剑（2009）	公众参与是指公共权力在进行立法、制定公共政策、决定公共事务或进行公共治理时，由公共权力机构通过开放的途径从公众和利害相关的个人或组织获取信息，听取意见，并通过反馈互动对公共决策和治理行为产生影响的各种行为

从表 2-3 可以看出，公众参与是一个复杂的概念，其范围和界定都是有争议的。尽管"公众参与"有着不同的表述，但是从总体上看，这些表述有一些共同点：一是参与的主体是公众，尤其是普通大众；二是公众可以通过一定的机制或途径参与公共事务的管理；三是参与是一种双向沟通、交流，表达意见的过程。蔡定剑教授（2009c）认为公众参与不包括选举、街头行动以及个人与组织的维权行为。国内研究文献中常见"公众参与""公民参与"等词语，两者皆有参与公共事务管理的含义，基本上差别不是很大。然而也有学者指出，公民是一个法律概念，而公众是一个社会概念，因此，公民参与与公众参与的概念是不同的（万玲，2009）。由于公众的范围要大于公民，本书认为遗产保护的主体宜广泛，因而采用"公众参与"一词。公众参与遗产保护主要是指与遗产有利益关系或对其

感兴趣的任何个人或组织，通过合法的途径和机制，直接或间接参与到遗产保护相关决策的活动中，以影响遗产可持续发展相关政策与决策，满足切身利益的各种行为。

2.1.2　理论基础

1. 利益相关者理论（Stakeholder Theory）

20 世纪 30 年代，欧美国家推行"股东至上"的公司治理模式对当时经济发展起到了积极的促进作用。然而，随着社会经济的发展，环境保护、企业社会责任、企业伦理等问题的出现使企业不得不重新思考管理理念。在这一过程中，"股东至上"的公司治理模式受到了质疑。因为这样的治理模式，使管理者只注重短期目标的实现而无暇顾及公司的长远利益，最终损害了股东利益。相比之下，德国、日本的内部监控型公司治理模式关注企业利益相关者的利益诉求，取得了一定的成功。西方企业界开始反思其企业制度安排的合理性。正是在这样的理论和实践发展的背景下，产生了利益相关者理论。

利益相关者理论实践萌芽于 20 世纪 30 年代早期的美国，通用电气公司（GE）确认了需要考虑的四个主要利益群体：顾客、员工、普通大众及股东，认为如果前三个群体的合法需要和期望能够得到满足，那么股东将会获益（Preston & Sapienza，1990）。利益相关者理论的正式提出则是在 20 世纪 60 年代的西方国家。斯坦福研究所于 1963 年率先提出"利益相关者"（stakeholder）一词来表示与企业有密切关系的人群。利益相关者概念来源于"stake"一词，stake 中所包含的利益（interests）和主张（claims），既指某种利益或份额，同时也指对某种权利的主张（法律权利和道德权利）（孟华，2008）。安索夫（Ansoff）最早使用"利益相关者"一词，并将其引入了经济学界和管理学界。他指出"要制定理想的企业目标，必须综合平衡考虑企业的诸多利益相关者之间相互冲突的索取权，他们可能包括管理人员、工人、股东、供应商以及顾客"（Ansoff，1965）。瑞安曼（Rhenman）、米切尔（Mitchell）、克拉克森（Clarkson）、伍德（Wood）、布莱尔（Blair）、多纳德逊（Donaldson）等学者的研究工作进一步促进了利益相关者理论的发展，使利益相关者理论逐步形成一个较为完善的理论框架，并在实践中成功运用，如项目管理（McManus，2002）、提高组织的效率（Heugens，Bosch & Riel，2002）、改善社区项目的公民参与（Burby，2003）等。

利益相关者理论认为企业的发展离不开各利益相关者的投入或参与，这些利益相关者包括股东、债权人、消费者、员工、政府部门、供应商、社区居民、媒体企业等，甚至还包括人类后代、非人物种等受到企业经营活动直接或间接影响的客体。企业追求的是利益相关者的整体利益，而不仅是个别主体的利益。企业的发展前景依赖于企业管理层对利益相关者要求的回应质量（贾生华，陈宏辉，2003），能否有效处理与各利益相关者的关系影响着企业的生存与发展。利益相关者理论的核心：一是利益相关者的识别，即谁是企业的利益相关者；二是利益相关者的特征，即管理层依据什么来给予特定群体以关注，即对利益相关者进行分析。

利益相关者并非一成不变，而是动态变化着的。当条件发生改变的时候，利益相关者也会随之发生变化。遗产涉及了众多的利益相关者，将利益相关者理论引入遗产保护中，目的是明确遗产各利益相关者的利益诉求，综合平衡各利益相关者之间的关系，目标是满足各利益相关者的利益需求，争取他们对遗产保护最大程度的支持，促进遗产的可持续发展。

2. 公共选择理论（Public Choice Theory）

西方国家在 20 世纪 20—30 年代遭遇世界性经济危机，使古典经济学家所推崇的自由市场经济理论受到了挑战。人们对自由市场经济理论产生了怀疑和不满，并试图寻求一种新的有效的理论来解决经济社会的各种问题。以美国为代表的西方主要国家在凯恩斯经济学和福利经济学理论的指导下，逐渐加强了国家政府对经济市场的干预。然而，随着政府公共经济活动范围和公共收支规模的扩大，人们发现政府的干预行为并不能实现帕累托最优，政府机构和官员并不总是如政治科学通常假设的那样追求公共利益最大化，反而出现了政府机构膨胀、过多的公共物品供给和过高的公共物品实际成本、资源配置效率低下等现象，出现"政府失灵"。因此，如何改善政府管理，政府对公共经济活动该如何运作，如何提高资源配置效率以促进社会公平、增进公共福利等成为亟须解决的问题。一些学者对这些问题进行了深入的思考，如布坎南（Buchanan）、阿罗（Arrow）、森（Sen）等人卓有成效的研究成果促成了公共选择理论的诞生，并推动其发展。

布坎南指出，公共选择的目标是促进以个人自由为基础的社会秩序。缪勒（2002）将公共选择定义为对非市场决策的经济学研究，或者简单地定义为经济学运用于政治科学的分析。公共选择理论继续沿用古典经济学的"经济人"假设，认为人是自利的、理性的，追求效用最大化者，以此为基点，将政治舞台模拟为一个经济学意义上的市场，分析个人在政治市场上对不同的决策规则和集体制度的反应，以期阐明并构造一种真正能把个人的自利行为导向公共利益的政治秩序。可以说，公共选择实际上是一种政治过程。公共选择理论运用新古典经济学的分析方法来研究政治问题，其研究对象主要是政治市场。公共选择理论认为，政府机构和官员也是经济人，他们行为的出发点和目标既不是政治家确定的政治目标，也不是追求公共利益最大化，而是政府机构和官员们自身的利益，他们通常是以经济的自我效能来衡量的，在作出决策时总是试图寻求个人收益的最大化和成本最小化。

布坎南指出，西方经济处于困境的原因在于政治制度的失败而不是市场制度的失灵。因此，公共选择理论强调，要通过设计合理的制度约束特权机构和特权人物，以保证公民的权益，实现各方面利益的平衡和社会稳定发展。这就为制度分析和公众参与决策奠定了一定的理论基础。对政府机构和官员行为选择起主要约束力的是制度约束，通过合理的制度设定，可敦促他们尽可能地追求公共利益最大化，提高资源配置效率。公众参与决策，有利于监督政府行为，并为政府决策出谋划策，提高决策的科学性和可接受性。

3. 治理理论（Governance Theory）

治理理论的兴起有其深刻的理论和实践背景。亚当·斯密的自由主义经济理论在西方自由资本主义时期受到了众多西方国家的追捧，他们主张利用市场这只"看不见的手"去配置资源，认为"管得最少的政府是最好的政府"。然而二十世纪二三十年代爆发的世界性经济危机，让人们意识到市场也有缺陷，会导致资源配置无效，出现失业、外部化、市场垄断等"市场失灵"现象。这就为政府干预经济发展和社会公共事务提供了契机，主张政府干预的凯恩斯主义开始盛行。由于政府官员也是经济人，他们也追求个人利益最大化，从而导致政府职能扩大化，机构臃肿，政府干预的范围越来越宽，但政策制定与执行的能力却不尽人意，效率低下，逐渐失去公民的信任，造成"政府失效"。此外，全球政治、经济一体化趋势日益明显，出现了大量超出国家治理能力范围的公共问题，亟须一种新的模式去解决这些问题。在 20 世纪 70—80 年代，理论界原有的范式已难以解释和描述当时的现实状况，也难以提出相应的解决措施。在这样的社会历史背景下，治理理论应运而生。

"治理"（governance）一词起源于希腊语"kybernan"，意思为"掌舵或领航"。传统上，人们将"统治"（government）等同于"治理"。自 20

世纪 90 年代开始，"治理"一词逐渐在经济学、政治学、管理学和行政学领域流行开来。罗西瑙（James N. Rosenau）、罗茨（R. Rhodes）、威格里·斯托克（Gerry Stoker）等是治理理论的重要代表人物。罗西瑙将"治理"定义为"一系列活动领域里的管理机制，它们虽没有得到授权，却能有效发挥作用。与统治不同，治理指的是一种由共同的目标支持的活动，这些管理活动的主体未必是政府，也无须依靠国家的强制力量来实现"（俞可平，2000）。全球治理委员会的界定具有一定的代表性和权威性，认为"治理是个人和公共或私人机构管理其公共事务的诸多方式的总和。它是使相互冲突的或不同的利益得以调和并且采取联合行动的持续的过程。它既包括有权迫使人们服从的正式制度和规则，也包括人民和机构同意的或以为符合其利益的各种非正式的制度安排"①。国内学者俞可平认为，"治理一词的基本含义是指官方的或民间的公共管理组织在一个既定的范围内运用公共权威维持秩序，满足公众的需要。治理的目的是在各种不同的制度关系中运用权力去引导、控制和规范公民的各种活动，以最大限度地增进公共利益。"②有学者进一步指出，不能狭隘地将治理的目标定位为"最大限度地增进公共利益"，而应当是追求社会整体利益的最大化（罗豪才、宋功德，2009）。这是治理模式区别于管理模式的一个重要标志。

治理理论的逻辑体系主要包括经济人假设、自组织治理、公民参与、顾客导向、强势民主以及市场化政府等。治理理论认为各种公共的和私人的机构也可以成为各个不同层面上的权力中心，而政府并不是国家唯一的权力中心，即主张去中心化和多中心治理。治理理论承认第三部门在社会管理中的作用，并主张引入第三部门参与社会事务管理，以克服"政府失灵"。这一理论打破了两分法的传统思维，认为国家与社会、公共部门和私人部门、民族国家和国际社会等之间的界线和责任存在着模糊性。治理理论强调，在治理中，国家（政府）和公民的角色要发生改变，公民应成为公共事务的管理者、决策的参与者以及社会政策的执行者，而国家（政府）则在动员、整合以及管理等方面发挥积极作用。在公民参与中，第三部门成为主要的组织载体。该理论认为治理是在一个平面上各个治理主体平行互动的过程，而不是上下互动的管理过程，鼓励公民积极参与，并肯定了公民参与的合法性。

---

① 俞可平. 治理和善治引论 [J]. 马克思主义与现实，1999（5）：37 – 41.
② 俞可平. 全球治理引论 [J]. 马克思主义与现实，2002（1）：20 – 32.

治理理论关注社会管理力量的多元化，强调参与、共享等核心价值，鼓励国家与社会组织、公众间的相互依赖及合作互动，认为公众参与是治理理论的实现形式，这些都为公众参与遗产保护提供了理论基础。

4. 激励理论（Incentive Theory）

激励理论是行为科学中的核心理论，主要用于处理需要、动机、目标和行为四者之间的关系。该理论主要关注如何满足人的各种需要，从而调动人的积极性，使个体付出很大的努力去实现组织的目标。自二十世纪二三十年代以来，西方学者从管理学、心理学、行为学、社会学等多个角度，并结合管理实践，提出了许多激励理论。根据这些理论的不同特点，可以将其划分为内容型激励理论、过程型激励理论、行为改造型激励理论和综合型激励理论。

内容型激励理论的代表是马斯洛的需要层次理论、赫茨伯格的双因素理论、麦克利兰的成就需要理论和阿德弗的 ERG（Existence-Relatedness-Growth Needs，即生存需要、关系需要和成长需要）理论。1934 年，马斯洛提出了需要层次理论，将人的需要分为生理需要、安全需要、社交需要、尊重需要和自我实现的需要，前三者为低级需要，而后两者是高级需要。后来，马斯洛在尊重需要和自我实现需要之间增加了求知和理解的需要以及审美需要，将人的需要层次发展为七个层次。该理论认为，需要从低级到高级逐渐发展，只有低一级的需要基本得到满足，才会产生高一级的需要。而只有存在未满足的需要时，才会产生驱动力，激励人们采取行动去满足这些需要。内容型激励理论分析了人的需要，但是缺乏对激励过程所达到的预期目标能否使激励对象得到满足方面的研究。

过程型激励理论主要包括弗罗姆（Victor H. Vroom）的期望理论、亚当斯的公平理论、弗隆模型以及洛克的目标设置理论等。该理论重视研究人从动机产生到采取行动的心理过程，弥补了内容型激励理论的不足，目的是找出对行为起决定作用的某些关键因素，弄清它们之间的相互关系，以预测和控制人的行为。1964 年弗罗姆提出了期望理论。该理论认为如果人们能够预期到自己的某一行为会给自己带来某一既定目标的实现，而这个目标对自己有极大的吸引力，就可能激励人们去完成这个特定的行为。弗罗姆认为，人们从事任何工作的被激励程度取决于经其努力后取得的成果的价值与其对实现目标的可能性的看法的乘积。亚当斯的公平理论也是在 20 世纪 60 年代提出的，他认为人们的工作积极性不仅受绝对报酬的影响，更重要的是受相对报酬的影响。人们会进行种种比较来确定自己所获报酬是否合理。比较通常包括横向比较和纵向比较，其过程实际上就是人与人之间进行社会比较的过程，不公平会挫伤人的工作积极性，而公平则使人心理上得到满足，激发工作积极性。

行为改造型激励理论认为环境对塑造人的行为起着关键的作用，激励的目的是为了改造和修正人的行为方式。该理论不仅考虑积极行为的引发和保持，更着眼于消极行为的改造转化。代表性理论包括斯金纳的强化理论、海德的归因理论以及挫折理论。

综合型激励理论则是以上三种理论的综合和概括，其克服了单种理论的片面性，比较全面地反映了人在激励中的心理过程，代表性理论包括波特和劳勒的"绩效—满足"理论、勒温的场动力论以及豪斯的综合激励模式理论。1968年波特和劳勒提出了"绩效—满足"理论，该理论认为工作绩效除受个人努力程度决定之外，还会受到个人能力的大小、外在的工作条件和环境、对所需完成任务理解的深度以及对奖酬公平性的感知等因素的影响（图2-2）。该理论告诉我们，要形成激励—努力—绩效—奖励—满足，并从满足回馈努力这样的良性循环，取决于奖励内容、奖惩制度、组织分工、目标导向行动的设置、管理水平、考核的公正性、领导作风及个人心理期望等多种综合性因素。

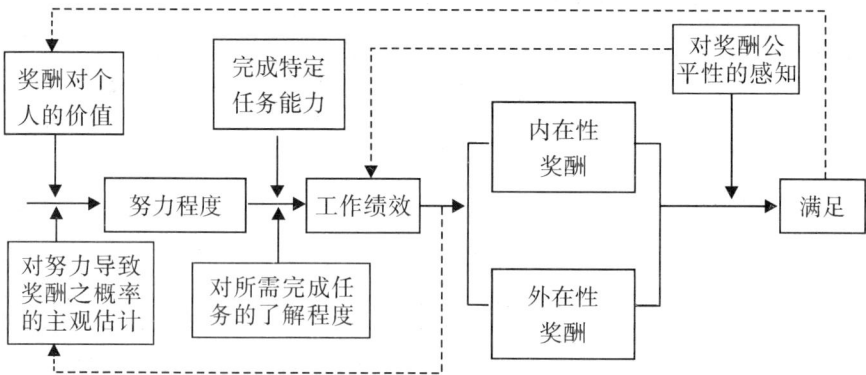

图 2 - 2　波特—劳勒综合激励模型

资料来源：扈文秀. 对波特—劳勒综合型激励模式的分析与评价 [J]. 西安理工大学学报，2001 (3)：319 - 322.

公众参与遗产保护需要相当程度的激励。本书主要运用马斯洛的需要层次理论以及波特和劳勒提出的"绩效—满足"理论来研究如何构建科学合理的激励机制，鼓励公众积极参与遗产保护。

2.2　文献综述

2.2.1　公众参与相关研究进展

1. 国外公众参与研究进展

20世纪60年代，作为一种新的民主形式和代议制民主的补充，公众参与在西方国家得到了极大的关注。西方国家的公众参与经历了一系列的过程，包括20世纪60年代后期参与意识逐渐开始兴起；70年代注意将社区居民的观念纳入数据收集和规划中；80年代当地识别知识的技术得以进一步发展；90年代将参与运用作为可持续发展的一个标准；随后开始批评参与，指出参与的局限性及失败；最后不断增长的"后参与"（post-partic-ipation）共识胜过了最佳实践（best practice），强调从参与的发展过程中不断吸取经验和教训（Reed，2008）。可以说，西方国家的公众参与研究与实践是一个从"理念确认"到"技术支持"再到"反思理念"的过程，主要的研究内容包括以下四个方面。

（1）公众参与理念的提出与理解。西方公众参与概念的提出有着深刻的理论与实践背景。在实践中，由于政府的政策违反民意或是政策无效引起了人们的不满情绪，大家逐渐意识到代议制民主保护的只是少数人的权利，因此，公民要求直接参与政治和政府决策的呼声越来越高。之后理论界所提出的社会资本理论、公共治理理论等进一步论证和推动了公众参与的发展。学者们纷纷从不同的角度对公众参与的概念进行界定。参与是一种方法还是一种管理工具，学者们对此争论不休。已有的文献对"参与"的理解可分为两类：一类将"参与"视为"一种结果"（participation as an end），而另一类则将"参与"视作"取得结果的方法或手段"（participa-tion as a means to an end）。前者认为"参与"能够体现民主的本质，它要求获得权力，改善社区与政府之间的关系。而将参与视为一种管理工具的学者日益增多，他们认为公众参与有助于提高管理的质量和效率（Buchy &

Hoverman，2000）（表 2 - 4 和图 2 - 3）。

表 2 - 4　对"参与"的两种不同理解

"参与"作为一种结果	"参与"作为一种管理工具
• 参与对不同的人而言有不同的含义，为了避免潜在冲突、失望，清晰地界定或在定义上达成一致意见是非常重要的 • 人们之所以参与，部分原因是因为他们希望获得更大的控制权，而当在决策中不能分享权力时，参与就变得毫无意义 • 参与能够激励持续不断的学习过程，提高公众的集体责任感。这应该被专业机构视为一种资产而不是一种威胁	• 参与过程的收益和成本在参与开始之前就要评估好 • 不同程度的参与需要不同的技能，规划者应在公众广泛参与之前清晰界定他们的目标 • 所有的合作伙伴都应获得承诺，但主管机构只负责创造合适的氛围 • 现实的时间框架是必需的，适当的群体动力管理是必要的 • 管理机构需要有效地解决代表性问题

资料来源：根据 BUCHY M & HOVERMAN S. Understanding public participation in forest planning：a review ［J］. Forest policy and economics ，2000（1）：pp. 15 - 25 相关材料整理。

参与作为提高
效率的方法

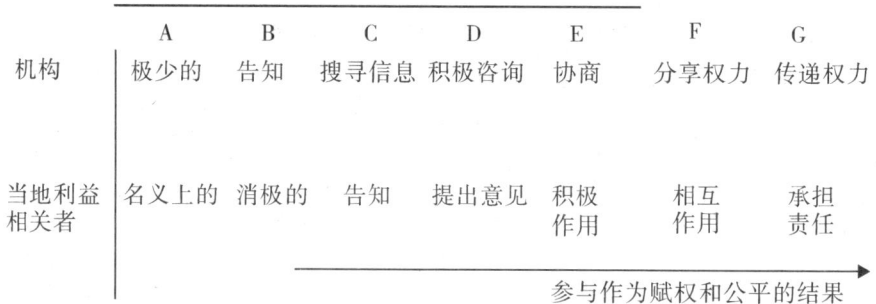

	A	B	C	D	E	F	G
机构	极少的	告知	搜寻信息	积极咨询	协商	分享权力	传递权力
当地利益相关者	名义上的	消极的	告知	提出意见	积极作用	相互作用	承担责任

参与作为赋权和公平的结果 →

图 2 - 3　对于"参与"的不同理解

资料来源：MANNIGEL E. Integrating parks and people：how does participation work in protected area management? ［J］. Society and natural resources，2008（21）：pp. 498 - 511.

　　尽管对于公众参与有着不同的理解，但是"参与"的理念被提出之后，得到了众多学者的响应和支持，并且在实践中广泛应用。大量的研究文献强调了公众参与的必要性和重要性。Spencer（2010）认为参与式管理在执行决策时能够具有高度的承诺及执行能力，能产生更多创新的想法和主意，会带来更多的激励和责任感。公众参与能够带来许多益处的主张可分为规范性的（normative）和实用性的（pragmatic）两类（Reed，2008）。规范的主张主要关注民主社会、公民权以及公平的好处。阿恩斯坦（Arnstein，1969）认为公民参与是一种公民权利，鼓励公民参与就是让公民真正享有相关权利。如果参与过程是透明的，并且考虑了有冲突的主张和观点，则利益相关者参与能提高公众对决策和公民社会的信任（Richards et al.，2004），还能促进社会学习（Blackstock et al.，2007）。实用的主张则关注利益相关者参与决策的质量与可接受性。学者们认为公众参与能够使决策更好地适应当地的社会文化以及环境条件，能够提高它们的采用率，被目标群体广泛接受，有利于提高它们满足地方需要的能力（Martin & Sherington，1997；Reed，2007）。其实归纳起来，就是公众参与既能体现民主，突出公民权利，又能促进决策质量的提高，使决策为更多的公民所接受，避免冲突。

（2）公众参与的类型。西方国家学者对公众参与的类型有较为深入的研究。到目前为止，主要有四种基本的类型划分方法：基于参与连续体的不同程度进行划分，许多可替代的术语主要用于解释阶梯的不同层级；根据沟通的方向，基于参与的本质进行划分；基于理论基础的划分，尤其是规范的或实用的参与之间的区别；基于所使用的参与目标进行划分。

第一种类型主要根据参与的程度进行划分，其中典型的代表就是阿恩斯坦（Arnstein，1969）的"市民参与阶梯理论"。他将公民参与划分为八个层次，从低到高依次是操纵、训导（或译为"治疗"）、通知、咨询、展示、合作、授权和公民控制（图2-4）。操纵是指官员们并不是真心地让公众参与，他们通常让受过教育的官员提出建议并劝说市民，按照自己的意图操纵公众参与过程，实际上并未让市民参与讨论，只是利用一些市民的"参与"证明草根阶层参与了项目。训导（或"治疗"）是指组织者用公众参与的形式，以达到让公众支持自己的目的。在组织者看来，无权与精神疾病是同义的，因此，他们主张应由专家控制市民进行"临床群体治疗"，即通过训导教育市民。这种形式的参与令人十分反感，因为市民参与了许多活动，但这些活动所关注的是治疗他们的"病变"而不是那些导致他们"病变"的种族歧视和迫害。这两种层次是无参与，它们真正的目的是不让人们参与到规划或项目管理中，而是让权力掌控者"操纵"或"训导"参加者；通知、咨询、展示这中间三层是象征性的参与，虽然人们拥有一定的参与权，可以听证、发言、提出建议，但是最终的决策权仍掌握在管理者手中；合作、授权和公民控制这三层才是真正的参与。合作是指允许市民与传统的权力掌控者协商以及权衡取舍。至于授权和公民控制，是指市民可以与管理者协商，并且获得大部分的决策席位或完全的管理权力。

Biggs（1989）的理论也得到了广泛的使用，他将参与的层次视为一种关系，主要包括契约的（contractual）、协商的（consultative）、协作的（collaborative）、合议的（collegiate）。Farrington（1998）后来将其简化为协商的（consultative）、起作用的（functional）、赋权的（empowering）。Lawrence（2006）在此基础上，提出可变革的（transformative）参与作为阶梯的最高层，强调赋权应引起参与社区的变革。从总体上看，阶梯层级的本质表明越高的阶梯层级优于较低的阶梯层级。不同层次的参与适应不同的内容，这取决于工作的目标以及利益相关者影响结果的能力。

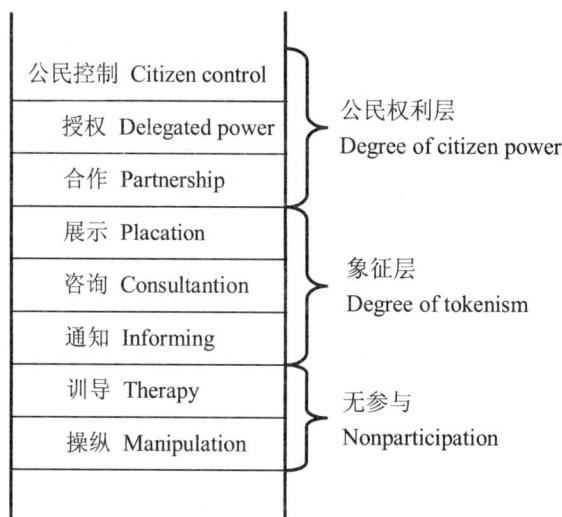

图 2-4　市民参与的八层阶梯

资料来源：ARNSTEIN A. A ladder of citizenship participation ［J］. Journal of the american planning association, 1969, 35（4）: pp. 216-224.

第二种类型关注参与的本质而不是参与的程度，如 Rowe & Frewer（2000）根据各方信息沟通的流向来区分公众参与的不同类型。信息传播给被动的接受者构成"沟通"（communication），从参与者那获取信息是"咨询"（consultation），而"参与"被理解为参与者和运动组织者之间的双向沟通，信息以某种对话或协商的方式交换。

第三种类型关注理论基础。规范的参与关注过程，强调公众有民主的权利参与决策。如 Habermass（1987）的沟通行为理论（communicative action theory）强调参与是公平的，能够代表所有各阶层的利益相关者，参与者是胜任的，且相互之间的权力是相等的。实用的参与则将参与作为取得结果的方式或手段，认为公众参与能够获得更高质量的决策（Warburton，1997）。

第四种类型试图在所使用的参与目标的基础上进行划分。如 Michener（1998）比较了"以规划者为中心的参与"（planner-centred）以及"以公民为中心的参与"（people-centred），前者关注结果，而后者通过增强人们的参与能力，给人们赋权去界定和满足个人的需要。

尽管公众参与的类型多种多样，但公众参与的形式、深度与广度是和特定的社会环境紧密相连的，一定的社会民主与法律规定是公众参与的首要前提，在不同的政治体制环境下，公众参与所采用的类型是不同的。

（3）公众参与的途径与机制。哪些人能够参与？他们如何参与？对于这类问题，学者们提出了公众参与的各种途径与机制作为问题的回答。西方学者热衷于探究公众参与的各种机制，即在什么时间以及采用什么方式能够让公众参与，且如何保证参与是平等的、有效的。

Renn et al.（1993）提出了公众参与的一种"三阶段"模式：第一个阶段是确定相关利益者的价值和诉求；第二个阶段是专家对第一阶段提出的各种政策选项进行技术上的判断，并将这种专业评价带入决策之中；第三个阶段是公民小组（Citizen panels）或者称为公民陪审团（Citizens'juries）阶段。普通公众在这个阶段对政策方案进行评估并提出建议。Webler et al.（2001）运用 Q 方法从公众的视角探讨什么是良好的公众参与过程。有研究显示，良好的参与过程主要表现为需要和保持普遍立法；有利于广泛讨论；关注过程的公平性；将参与过程视为为权利斗争，强调领导和承诺的必要。Rowe & Frewer（2005）则根据前人的研究，归纳总结出四种沟通机制、六种咨询机制和四种参与机制。

（4）公众参与的有效性。尽管人们大力宣扬公众参与的好处，不断强调公众参与的重要性与必要性，并且设计各种工具让人们积极参与。但是，这些参与工具以及参与实践是否有效则需要进一步验证。因此，对于公众参与有效性的相关研究成果不断涌现，有关公众参与的有效性，也称为最佳实践（即如何让公众参与更有效）的研究是目前研究的热点与焦点。

安德鲁·亚克兰认为包容性、透明、公开、尊重允诺、可达性、有责性、代表性、相互学习、有效性是能够传递公众参与真实性的基本原则[①]。Buchy & Hoverman（2000）提出了公众参与的最佳实践原则，包括承诺和清晰度、时间和群动力、代表性和技能转移（表2-5）。根据2003年英国环保署"实施公共参与的指导"（Guidance for Implementing Public Involvement），认为有效的公众参与有七个基本步骤：为公众参与活动作出计划和预算；识别有利害关系的和受影响的公众；考虑向公众提供技术或财政援助；向公众提供信息和宣传；进行公众咨询和参与活动；审查投入使用，并向公众提供反馈；评价公众参与活动（Lostarnau et al.，2011）。

表2-5　公众参与最佳实践原则

原则	特性/属性
承诺和清晰度 （Commitment and clarity）	• 权益披露 • 商定的目标和期望 • 过程的透明度
时间和群动力 （Time and group dynamics）	• 时间定时 • 连续性和跟进
代表性 （Representative）	• 代表性 • 公平
技能转移 （Transfer of skills）	• 资源配置过程 • 信息的质量

资料来源：BUCHY M & HOVERMAN S. Understanding public participation in forest planning：a review ［J］. Forest policy and economics，2000（1）：pp. 15 – 25.

Reed（2008）运用扎根理论将学者们对于公众参与最佳实践的研究结论归纳为八个方面：利益相关者参与需要强调赋权、公平、信任以及学习；凡是相关的，都应尽早考虑利益相关者参与，并且要贯穿全过程；需要系统地分析与阐释有关的利益相关者；参与过程的明确目标需要一开始

---

① 安德鲁·亚克兰. 公众参与的对话设计 ［M］//蔡定剑. 公众参与：欧洲的制度和经验. 北京：法律出版社，2009：20.

就获得利益相关者的同意；参与的方法应根据决策内容而决定，要考虑目标、参与者的类型以及合适的参与程度；高度熟练的、技能化的协调是必需的；应当整合地方文化和科学的知识；参与需要制度化。托马斯（Thomas，2010）提出了公众参与的有效决策模型，为公共管理者提供了一个将公民参与与公共管理相互平衡结合的思考框架。

公众参与的效果会受到一些因素的影响。Diduck & Sinclair（2002）根据文献梳理，发现缺乏信息、缺少资源、缺乏参与的机会、缺少对最终决策的影响力以及缺乏动机、兴趣或时间成为阻碍人们参与的重要因素。他们运用文献研究、定性访谈、邮寄调查问卷的方法对公众参与环境评价的障碍进行了研究，将这些障碍因素分为结构性的（structural）和个人的（individual）两个主要类型（表2-6）。周江评和孙明洁（2005）在对国外文献梳理的基础上，总结出影响公众参与的因素包括：认识论、社会经济结构、参与层级和地区因素、教育改革以及技术因素。

表2-6   公众参与环境评价的结构性障碍和个人障碍

一级类型	二级类型	三级类型
结构性障碍	非自愿的复杂性	消费主义；工作和家庭的压力；社会和公民的承诺；协商疲劳
	过程缺陷	通知不充分；缺乏参与资金；缺少机会；无法获得信息；结果是既定的；无回应
	远离主流的论述	极端主义；持反对态度者；关注技术；公众参与的支持者控制
	缺乏机构能力	
个人障碍	关注被妥善处理	
	没有受到直接的影响	
	将问题留给其他人去信任政府	
	缺少理解	合法的权利；技术问题；环境评价的过程；潜在影响；媒体的作用
	缺少技术	准备书面简报；公开演讲
	个性特质	懒惰；优柔寡断；害羞；冷漠；恐惧、多疑；缺乏社区精神

资料来源：根据 DIDUCK A & SINCLAIR A J. Public involvement in environmental assessment: the case of the nonparticipant [J]. Environmental management, 2002, 29 (4): pp. 578-588 整理。

尽管有证据表明，利益相关者的参与可以导致更有效和持久的决策，但是很少有实证证据支持已作出的主张（Reed，2008），因此，公众参与的有效性也受到了一些学者的质疑。坎特指出，公众参与"因为可能引入许多新观点，往往会使问题更加混乱；可能从缺乏知识的参与者那里吸纳进错误信息；公众参与后的结果不能肯定；可能推迟并增加项目的费用"①。越来越多的学者开始对参与的工具以及参与效果进行反思。如在公众参与环境保护方面，一些实证研究结果显示"政策"比参与更加有利于环境保护（Folz & Hazlett，1991）。Booth & Halseth（2011）在对英国哥伦比亚社区进行案例研究的时候，发现公众认为自然资源公众参与的过程是失败的，其中的原因之一在于利益相关者代表的局限性。研究发现，利益相关者代表作为参与者有明显的缺陷，一方面代表们可能会成为那个部门的"俘虏"，另一方面，他们是自利的，不会完全脱离自己的利益而充分考虑其他人的需要。此外，如果政府和其他机构只是问而不听，公众将迅速停止参与，造成参与无效。值得注意的是，学者们反思的目的是为了促使参与更为有效，而非意在取消参与，因为广泛的公众参与能够进一步加快社会民主化的进程。

2. 国外公众参与研究小结

归纳起来，国外早期的公众参与研究主要关注对参与概念的理解，关注作为解决争端的机制，强调听证会、公众会议、咨询委员会等参与方式的功效。从 20 世纪 90 年代开始倡导使用协商的方法，将利益相关者界定为参与者的代表。学者们逐渐关注公众参与的最佳实践，探讨什么是良好的公众参与过程，但是在这些方面仍未取得一致的意见。发展至今，公众参与的有效性研究成为目前的研究热点，在环境保护、城市规划、政策制定等方面取得了一定的成果。可见，国外公众参与的相关研究正逐渐扩展、深化。在研究方法上，注意多种方法的综合运用，尤其是实证研究呈现上升的趋势。未来的研究需要评估来自参与进程的决策是否更全面地代表多种价值观和需求，是否有能力在决策过程中提高公众的信任度。

3. 国内公众参与研究进展

20 世纪 80 年代，西方公众参与理论被一些学者引入中国，但该理论真正兴起则是在 20 世纪 90 年代。进入 21 世纪后，随着我国政治体制改革进程的推进，经济的快速发展，人们收入的逐渐增加，独立、多元经济主

---

① 坎特. L. W. 环境影响评价［M］. 李兴基，等译. 北京：中国环境管理经济与法学学会，1982.

体的成长和壮大，公众参与日益成为我国的社会热点和焦点问题。与之相适应，公众参与的相关研究大量涌现。根据中国知网（http：//www.cnki.net）数据库检索（截至 2016 - 12 - 31），篇名包含"公众参与"的文章共有 5 088 篇，其中中国期刊全文数据库 4 294 篇，硕士论文 747篇，博士论文 47 篇。从 1983 年第一篇介绍公众参与的文章算起，我国的公众参与研究已经走过了三十多年的历程，取得了一定的研究成果。纵观国内研究，根据公众参与研究的内容和数量，可以将其过程划分为三个阶段：初始期、成长期和凸显期。

（1）第一阶段：公众参与研究的初始期（1983—1999 年）。在这一时期，由于缺乏公众参与的政治条件和经济基础，"公众参与"理念和实践在我国尚处起步阶段。但学者们逐渐认识到公众参与公共事务管理（尤其是城市规划、环境保护等）的积极作用及其必要性，因而这一时期的研究主要表现为对西方相关理论的介绍以及在宏观层面上提出公众参与的方法、途径与机制。在研究上主要呈现以下两个特点：

①研究数量较少，学界关注度不高。从 1983—1999 年的 17 年间仅发表了 93 篇文章，其中 1984—1988 年以及 1992—1993 年的 7 年时间没有一篇关于公众参与的研究文献。最早的文献是 1983 年王平对 Katherine Montague 与 Peter Montague 合著的《公众参与放射性核废物管理的一个方案》的翻译。这一时期，一些学者开始关注公众参与，并引介了国外公众参与的经验（黄鸥翔等，1991；刘婕，1996；梁鹤年，1999）。

②研究领域主要集中在环境保护、环境影响评价以及城市规划等方面。1991 年我国实施的由亚洲开发银行提供资助的环境影响评价培训项目第一次提出了"公众参与"问题。此后，有关公众参与环境保护、环境影响评价方面的研究成果相继出现，并一直成为公众参与研究的重要领域。学者们对于如何完善和拓展公众参与环境保护的途径，如何改进公众参与、公众参与机制等方面的问题较为关注。如陈振金（1995）阐述了环境影响评价公众参与的理由、方法与内容及其有效性；李新民和李天威（1998）对比了中西方国家环境影响评价的公众参与，之后，李天威等（1999）继续研究了环境影响评价的公众参与的机制和方法。

在城市规划方面，刘奇志（1991）较早指出公众参与城市规划具有显著的积极意义，并提出了规划师主导法、公众主导法以及互动的方法等三种公众参与方法。陈兆玉（1998）引证了美国与日本城市规划和管理中公众参与的做法，提出公众参与应贯穿在城市规划设计和管理的全过程。这一时期，城市规划工作已有一定程度的公众参与，但是公众尚缺乏主动参与的积极性，公众参与的立法仍非常薄弱，为此，一些学者对于城市规划中的公众参与作出了相应的制度安排（何丹、赵民，1999）。

（2）第二阶段：公众参与研究的成长期（2000—2010 年）。进入 21 世纪，在全球信息化、经济全球化、社会多元化、政治民主化以及全球公民社会兴起的背景下，学者对公众参与社会事务的重要性认识日益加深，公众参与公共事务的热情逐渐升温，因而，公众参与的相关研究文献也随之大量增加。该阶段的主要特点是：

①研究文献数量大幅增长，公众参与得到了更多关注。从 2000—2010 年的 11 年之间研究文献总数跃升为 1 645 篇，是过去 17 年发表文章总数的近 18 倍。此外，还有硕士论文 280 篇，博士论文 17 篇。从总体上看，研究文献数量呈现快速上升的趋势（图 2－5）。

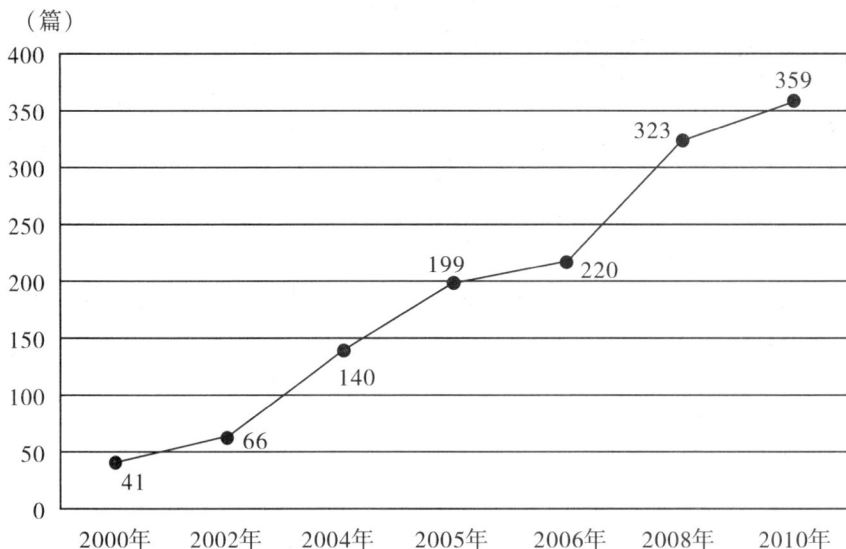

图 2－5 2000—2010 年公众参与相关研究的文献数量

②研究的重点领域在环境保护、城市规划以及立法等方面，研究程度逐渐深入。随着我国经济的腾飞，城市化进程的加快，环境保护、旧城改造、城市规划等问题日益突出，公众参与的重要性在这一阶段日益凸显。因而，公众参与环境保护和城市规划成为该阶段研究的重头戏。

西方国家（如美国、德国、法国等）公众参与城市规划的经验被学者们不断引进（胡云，2005；殷成志，2005）。有学者将西方治理理论引入我国城市规划中，试图以元治理（meta – governance）为理论基础构建我国城市规划的公众参与组织形式和保障机制（罗小龙、张京祥、张洪，2002）。

在这一时期，公众参与机制与制度是学界关注的焦点。蔡定剑（2009）所编著的《公众参与：风险社会的制度建设》以及《公众参与：欧洲的制度和经验》两本书，系统地介绍了欧洲公众参与的有关制度与经验以及我国公众参与领域的基本概况。不少学者引介国外公众参与的制度设计，试图为我国公众参与的制度安排提供经验借鉴（高兴军，2006；吴思红，2010）。学者们纷纷对公示制度（汪宏儿，2001）、地方立法和行政立法公众参与制度（黎晓武、杨海坤，2004；董兴佩，2004）、政府回应机制（黄岩、吴克昌，2005）等进行构建与运用。听证会、专家咨询、公开征求群众意见等参与手段逐渐运用在实践中。

值得注意的是，公众参与的有效性逐渐走入学者们的研究领域。公众参与的有效性包括参与对象的有效性，调查内容、时间的有效性，调查统计方法的有效性，及其所具有的相应法律效应（程胜高、鱼红霞，2002）。黄宁（2005）提出公众参与的前提是信息充分公开，进行公众参与的关键是信息充分交流，公众参与有效性的重要保障是信息反馈。蔺起梅（2005）认为通过建立环境信息公开制度、完善环境影响评价公众参与机制、大力提高公众环境意识、提升环境影响评价人员的职业素质可以提高公众参与环境评价的有效性。王锡锌教授（2008）指出公众参与和参与式民主的有效性，有赖于"公众充权"以及相应的基础性制度、支持性制度和程序性制度的落实。所以，要构建多元化的公众参与机制，包括公正机制、责任机制、激励机制、公众参与反馈机制、保障机制等。

除了完善的参与制度外，要实现公众的有效参与，关键在于公众参与素质和能力的提高（陈勇，2007）。我国公民普遍缺乏参与意识，大多不能主动参与公共事务（闵忠荣等，2002；胡云，2005），一是因为公众的科学素养和专业素养偏低，影响着参与的过程、深度、广度和效率；二是由于我国传统文化塑造了依附顺从的臣民性格，公民臣民意识根深蒂固；三是公众参与成本偏高（张玉强、帅学明，2006；刘志坚、欧名豪，2006）。因而，公民参与意识和参与技能的培养与教育也提到日程上来。戴雪梅（2006）主张倡导公众参与文化，培育公众参与意识，提高公众的权利意识和增强公众的义务观念。学者们大多认为公众参与范围应不断扩大，争取更多人参与公共事务。但何子张（2009）却提出公众参与度并不是越高越好，而是应当和潜在的财产损失（或者说公众参与损失的机会成本）相对应，主张应该基于"主体利益相关性"确定该主体参与的程度。

公民社团组织在公众参与中的作用在这一时期引起了学界的关注。多位学者认为非政府组织是公众参与的有效选择（肖芬芬、吴云昌，2006；赵有杰，2008），因为非政府组织可以成为政府机关部门的有益补充，有利于形成政治管治意义上的"小政府、大社会"格局（郇庆治，杨晓燕，2004）。王锡锌（2008）指出个体利益的组织化可以带来更丰富的信息、更多的参与资源以及对政策制定的影响力。因此，应积极帮助第三部门和各类社会组织成长壮大，并从法律和政策上予其最大的保障和支持（万玲，2009）。

在公众参与研究的成长期，越来越多的学者从事公众参与领域的相关研究工作，公众参与环境保护与环境评价、城市规划与城市管理的相关研究成果大量出现，研究深度与以往相比，有了较大的提升，研究广度也在不断扩大。

（3）第三阶段：公众参与研究的凸显期（2011年至今）。随着人们收入的增加，独立、多元的经济主体日益成长和壮大，人们所产生的权力诉求正强烈地冲击着我国的现行体制，人们参与公共事务决策的意愿逐渐加强。因而，公众参与逐渐成为广泛的社会行动和热门的政治话语。该阶段研究的主要特点有以下四个方面：

①研究数量激增，学界的关注度得到了极大的提高。从2011—2016年（截至2016 - 12 - 31）6年间共有文献2 500篇，平均每年416篇（图2 - 6）。此外，还有硕士论文508篇，博士论文32篇。与成长期相比，无论是研究的数量，还是质量都有了极大的飞跃，可谓成果累累。

②研究领域不断扩大。在凸显期，公众参与研究不再局限于环境保护、城市规划、公共决策以及立法等方面，随着形势的发展、新情况的出现，有关公众参与政府绩效管理、公共预算、公共卫生、食品安全、城市治理、危机管理、旅游规划等方面的研究成果逐渐增多。如李洪峰（2016）指出公众是食品安全社会共治的重要参与主体，我国应进一步明确相关公众参与主体的权利和义务。肖萍和卢群（2016）研究了城市治理过程中的公众参与问题。王京传（2013）从旅游目的地整体层面提出了旅游目的地治理中的公众参与机制。

③研究逐渐深入，视角呈现多元化。公众参与环境保护、城市规划与管理、公共决策仍是当前研究的热点，其研究逐渐深入，学者们纷纷从政

治学、管理学、法学、经济学、社会学、城市规划等角度出发，运用协商
民主理论、治理理论、利益相关者理论、委托代理理论等进行研究，取得
了较为丰富的成果。如杨秋波和王雪青（2011）运用扎根理论，构建了可
持续建设与公众参与的关系机理框架，认为公众参与指数、公共维度与可
持续发展能力具有显著的相关性，项目的公共维度越高，越需要公众参
与，且公众参与的阶段越应该提前。李菲和崔尧（2016）从多方协同治理
视角研究公众参与环境影响评价，提出应建立一套公众参与环境影响的评
价体系，合理确定公众参与主体，加强公众对经济活动的有效管理等。

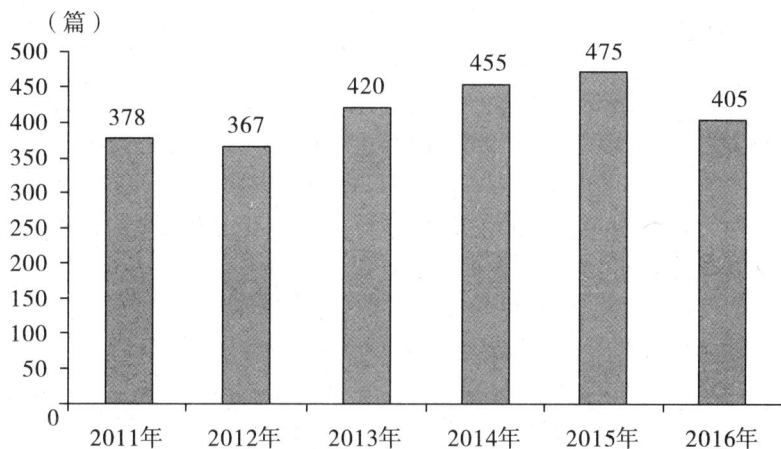

图 2-6　2011-2016 年有关公众参与研究的文献数量

　　学界普遍认为由于缺乏公众参与的有效制度和机制，由此严重制约着
我国公众参与的发展。因而，公众参与的制度化建设仍是学界重点关注的
热点问题。有学者提出通过公众参与动力机制的有效优化来突破当前公众
参与有效性不足的瓶颈（李国旗，2015），在以实现"治理体系和治理能
力现代化"为目标的行政体制改革背景下，构建起以公众参与为基石的政
府绩效问责机制（方俊、曹惠民，2015）。由于当前中国公众参与呈现出
"媒体驱动型"特征（吴麟，2010），互联网公众参与作为一种新的公众参
与方式，对政治民主具有积极的促进作用（张皓云，2011）。有学者阐述
了新媒体对公众参与的影响，并提出了新媒体时代完善中国公众参与的对
策（徐晓日、李天恩，2014）。
　　谁是公众？如何参与？诸多学者试图回答这些问题，他们对公众进行

界定，并提出公众参与的路径（郑彦妮、蒋涤非，2013；贾鹤鹏，2014；张保伟，2016）。不少学者对公众参与的影响因素进行了深入的剖析，如和莎莎（2016）对公众参与行为的影响因素进行了实证分析；许彩明和于晓明（2015）提出了大型体育赛事微博营销公众参与意愿影响因素模型。

随着公众参与范围的扩大，公众参与的效率与效果引起了学者的关注。张晓杰等（2016）构建了公众参与公共决策的 TCT（Typology-Criteria-Tool）评估框架，认为不同的评估对象应选择合适的评估工具。官永彬（2016）的研究发现，中国特殊分权体制框架下的公众参与对地方政府公共服务效率存在潜在影响。崔浩（2015）对行政立法公众参与的有效性进行研究，提出创造公众参与行政立法所需要的条件有利于公众参与目标和参与效果的实现。

④日益重视各种研究方法的综合运用。这一时期的研究不再仅停留在对公众参与的发展现状以及对策等描述性分析的定性研究上，一些学者尝试通过定量研究、实证研究或定性与定量相结合的方法，探讨公众参与的相关问题，取得了较好的效果。如赵奥和武春友（2010）提出影响公众参与资源管理的因素包括参与意识、参与环境、参与途径和参与平台建设等四个方面，并运用多层次灰色法计算出四个影响因素的影响水平及重要性；徐卫华和月亮（2011）在立法中的公众参与问题上引入"心史"研究的方法，从内部视角来深入考察文明早期的人类体验是怎样影响当代公众的思维与行为模式。李春梅（2013）以成都市为例，运用因子分析探讨公众参与的态度，并指出政府在引导公众参与时可以重点从公共事务、社会事务和关心时事三个方面入手。

4. 国内公众参与研究小结

我国公众参与相关研究经历了初始期、成长期，目前正处于凸显期。这三个时期不断增加的文献数量表明（图 2-7），公众参与的重要性日益增强，学界对公众参与的研究关注度不断提升。

从研究内容看，公众参与环境保护、城市规划、立法、公共决策和治理等是研究的热点，取得的成果较多，研究较为深入。学者们热衷于引介国外公众参与的相关经验作为借鉴。随着研究的逐渐深入，研究的领域不断扩大，对公众参与基层治理、社区服务、危机管理、遗产保护、旅游规划等的关注度不断提高；研究的对象不断细化，非政府组织和媒体在公众参与中的作用和角色、公众参与的影响因素、公众参与的动力机制等逐渐成为学者研究的问题；研究的视角日益多元化，学者们纷纷从治理、利益相关者、公民社会、协商民主等视角研究公众参与相关问题，并取得了一定的成绩。

从研究方法上看，研究初始期和成长期主要是以定性研究为主，多为对公众参与现状、存在问题进行描述性分析，进而提出相应的对策。进入研究凸显期后，研究方法和研究手段逐渐多样化，既有对具体事件进行深入剖析的案例分析，也有运用实证研究，通过定量方法进行探究，或者将定性与定量研究有机结合在一起。

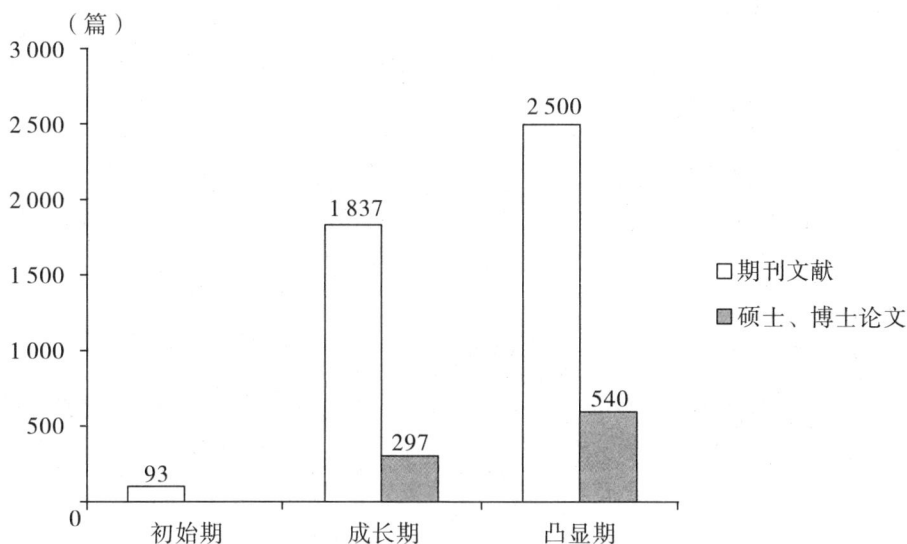

图 2-7　三个时期的文献数量

5. 国内外公众参与研究的比较分析

通过对国内外公众参与研究文献梳理分析，可以发现我国的相关研究与国外相关研究在研究领域、研究内容、研究方法上存在着一些异同点。相同点主要体现在国内外都日益重视对公众参与的理论与实践研究，各自在不同的国情下展开具体的研究，都取得了一定的成绩，公众参与相关研究成果不断涌现。但是，也存在着一些不同点，不同之处可见表 2-7。

由表 2-7 可看出，表面上我国公众参与在研究领域、研究内容和研究方法上与国外基本相同，但是由于我国的研究起步晚，时间短，在研究深度和广度上与国外有着较大的差距。就研究领域来看，我国的研究主要集中在环境保护、城市规划和公共决策与治理的参与上，其他领域涉及较少；从研究内容来看，我们目前主要集中在公众参与的必要性与重要性，公众参与的现状、问题与对策以及公众参与机制等问题。而这些在国外20世纪60年代到80年代基本上都已进行了深入的研究，取得了丰硕的成果。国内学者热衷于公众参与机制的研究，但大多都是宏观的定性分析、一般介绍性研究，缺乏对具体问题深入细致的研究，缺乏定量的实证研究，研究的成果也缺乏强有力的说服力。至于公众参与的影响因素与障碍分析以及参与的有效性分析则较少，而国外已加大了对这些内容的研究力度，尤其是对公众参与有效性的研究，相关的研究成果不断出现。

表2-7 国内外公众参与研究的比较

指标	国外公众参与研究	我国公众参与研究
研究领域	环境保护、城市规划、立法、公共预算、遗产保护、公共事务管理等方面是主要的研究领域，基本上各个研究领域的成果较为平均	与国外研究领域类似，环境保护、城市规划、公共决策和治理、立法、遗产保护、公共预算、基层治理等是目前公众参与研究的主要领域，其中尤以前三者的研究成果居多
研究内容	早期主要关注公众参与的概念理解与公众参与的类型；中期重点研究公众参与的途径与方法、机制与影响因素；目前重点研究的是公众参与的最佳实践以及公众参与的有效性	目前较多关注公众参与的必要性与重要性，公众参与的现状、问题与对策，国外公众参与的经验借鉴以及公众参与机制。有关公众参与的影响因素与障碍、公众参与的有效性相对关注较少
研究方法	主要包括文献研究、比较研究、Q方法、案例分析、结构方程模型、访谈法、问卷法，注意多种方法的综合运用。	在方法上多采用文献研究、定性描述，案例分析以及访谈法，问卷法、结构方程模型等，定量方面的方法运用得较少

从研究方法来看，我国目前的研究多采用的是文献研究和定性分析方法，也有学者采用案例分析的方法进行研究，但为数不多。至于运用实证研究的方法，访谈法、问卷法以及结构方程模型的相对较少。而国外大多是多种方法的综合运用，既注重定性分析研究，也注意运用实证研究的方法。实证研究方法多运用在公众参与的最佳实践和参与有效性方面的研究。总体而言，我国的公众参与研究与国外相比，无论是在研究的广度还是深度上，差距都是明显的。但可喜的是，不少学者正逐渐吸收国外公众参与的最新研究成果，并且意识到由于政治、经济、文化等诸多背景的不

同，不能全盘照搬西方国家的研究成果，他们正试图将国外的研究成果与我国的具体国情相结合，探索适合我国国情的公众参与机制。随着我国经济的不断发展，民主进程的逐步推进，公民权利意识的觉醒，未来公众参与的广度、深度将不断深化。已有的研究为公众参与相关研究提供了大量累积性成果。在此基础上，未来的研究还应该关注以下几个方面：公众参与的制度安排和制度设计将成为研究的重要内容；公众参与的方式与手段需要进一步探究；公众参与的有效性评价亟须完善；注重多学科交叉融合及多种方法的综合运用。

2.2.2　遗产保护相关研究进展

有关遗产保护的相关问题一直以来都是国内外学术界的研究热点。在国外，遗产保护通常用"heritage conservation"和"heritage preservation"表示。通过对 Elsevier 期刊全文库（http：//www. sciencedirect. com）进行检索，可以看出，除遗产保护之外，与保护相关的遗产旅游、遗产管理、遗产地与社区发展等问题也是学者们较为关注的领域（表2－8）。

表2－8　1980—2016 年国外研究文献检索结果

检索词	篇数	检索词	篇数
标题包含"world heritage"	143	摘要包含"heritage"＋"conservation"	741
标题包含"heritage"＋"conservation"	113	摘要包含"heritage"＋"preservation"	399
标题包含"heritage"＋"preservation"	45	标题包含"heritage tourism"	125
关键词包含"heritage"＋"preservation"	50	标题包含"heritage"＋"management"	77
关键词包含"heritage"＋"conservation"	189	标题包含"heritage"＋"community"	33

注：检索时间为 2016 年 12 月 30 日。

在我国，人们的遗产保护态度会受到政府在不同经济和社会发展阶段的目标与政策的影响。在 1949—1976 年间，遗产保护不受重视，而且在

"文化大革命"时期，很多遗产都遭到了严重的损害；改革开放以来，遗产被认为是一种旅游资源，有助于增加经济收入和扩大就业，因此，遗产恢复和保护的主要目的是为了发展经济，获取经济利益。如今，国家提出建设"和谐社会"，遗产的价值得到了各级政府的认可，主流媒体也在不断宣传与倡导对遗产（尤其是我国的世界遗产）进行保护，遗产保护的全新时代到来了。

通过对中国期刊全文数据库、中国优秀硕士学位论文全文数据库以及中国博士学位论文全文数据库进行检索，发现有关遗产保护的研究成果可谓层出不穷，每年都有大量的研究成果涌现（表 2-9），尤其是 2001 到 2010 年间，有关遗产保护的文献数量激增，与此同时，伴随着我国的申遗热潮，与世界遗产保护有关的文献也不断增加，硕士、博士论文数量也逐渐提升，学者对遗产保护研究持有较高的关注度。

表 2-9　1980—2016 年国内有关遗产保护的研究文献

时间	检索项	中国期刊全文数据库（篇）	中国优秀硕士学位论文全文数据库（篇）	中国博士学位论文全文数据库（篇）
1980—1990	题名："遗产" + "保护"	11		
	题名："遗产" + "世界" + "保护"	2		
1991—2000	题名："遗产" + "保护"	113		
	题名："遗产" + "世界" + "保护"	25		
2001—2010	题名："遗产" + "保护"	3 562	308	27
	题名："遗产" + "世界" + "保护"	288	20	2
2011—2016	题名："遗产" + "保护"	6 292	298	29
	题名："遗产" + "世界" + "保护"	166	30	2

注：检索时间为 2016 年 12 月 30 日。

有关遗产保护的研究主要涉及遗产技术与管理保护、遗产地旅游发展（或遗产旅游）、遗产地规划与管理、遗产地与社区发展等内容。

遗产具有重要的价值，它是联系过去、现在以及未来的关键纽带，保护好遗产并将其传承给我们的子孙后代，这是大家的共识。然而，由于遗产具有脆弱性、敏感性、易损性，为了保护好遗产，就需要采用相应的遗产保护专业技术。学者们纷纷为自然遗产和文化遗产的技术保护献计献策，提供了许多有益的专业技术与保护方法。如 Jurado et al.（2008）提出了解真菌的分散模式以保护文化遗址；付祺（2010）在成都武侯祠孔明殿维修中运用了低碳环保技术。多媒体技术、数字技术、空间技术等也不断运用在遗产保护中（张帆，2015；施春煜，2013；朱海勇等，2016）。更多的研究主要是从管理的视角强调对遗产进行保护。我国学者主张国家在遗产保护方面起主导作用，倡导由中央政府统一支出管理和保护经费，并在遗产保护规划及制定相关政策法规、宣传教育以及组织协调等方面发挥作用（张顺杰，2009）。学者们已意识到制度对遗产保护的重要作用，提出通过制度创新推动我国世界遗产的管理工作，如胡北明和雷蓉（2015）试图从法律高度构建遗产资源保护与开发制度性监督体系。在加强遗产保护的同时，也应注意遗产的合理利用，遗产的利用与开发是为了更好地保护遗产这一观点已得到了大多数学者的认可。利用好历史和文化遗产已成为经济、社会和文化复兴的真正机会之一（Ismagilova, Safiullin & Gafurov, 2015）。孙九霞（2010）认为旅游可作为文化遗产保护的一种选择。近些年，国内外有关遗产旅游的相关研究成果大量涌现。有学者提出文化遗产旅游既能保护文化遗产，也能提高当地居民和游客的生活质量（Lussetyo-wati, 2015）。Ahmad（2013）的研究结果也证实发展旅游不仅可以增加社区居民的收入，而且能够保护和复兴社会文化遗产。然而，也有研究发现，遗产的"博物馆化"和旅游业发展会使遗产地居民的生活方式发生改变，致使遗产难以得到很好的保护（Teo & Huang, 1995）。

遗产旅游的发展给遗产地带来的影响日益受到关注。有学者指出，发展旅游业必须处理好旅游与遗产保护和管理之间的关系，要尽量减少旅游的负面影响（McKercher et al.，2005），应注意保护遗产地居民的正当权益和游客的平等观赏权（于定明，2007）。

为了让更多的人认识遗产的价值，同时积极发展遗产地的经济，但又不以遗产资源的破坏为代价，有学者提出社区应参与遗产保护和遗产旅游规划开发工作（Rahmawati, et al.，2014）。在此基础上，有学者更进一步倡导广泛的公众也应参与到遗产保护中（郑利军、杨昌鸣，2005），如高中生参与建筑遗产保护被视为是一个有效的工具（Halu & Küçükkaya，2016）。

尽管目前国内外有关遗产保护的相关研究成果较为丰富，但多是从政府管理部门的视角进行研究，从"公众"视角进行的研究相对较少。虽然有关社区参与遗产保护的文献逐渐增多，但是相比之下，研究仍略显薄弱。关于如何引导社会力量，如社区居民、社会组织、普通公众等参与遗产保护的研究还有待进一步加强。

2.2.3　公众参与遗产保护相关研究进展

1. 国外公众参与遗产保护相关研究

早在1979年澳大利亚颁布的《巴拉宪章》就将"参与"单独作为一则条文列出，规定"对于一个地点的保护、理解和管理，应当向那些对该地点有着特殊情感联系和意义或对该地点有社会的、精神的或其他文化责任感的人们提供参与的机会"。1987年美国颁布的《保护历史城镇与城区宪章》（《华盛顿宪章》）也明确指出："居民的参与对于保护项目的成功是至关重要的，应当鼓励居民积极参与。历史城镇与城区的保护要首先关注居民的利益。"可见，西方国家的遗产保护在法律法规上早已明确了公众参与的权利。

公众参与对于遗产保护有着重要的意义。公众参与文化遗产管理能够解决冲突，也有助于确定遗产的意义（Sirisrisak，2009），而且遗产管理的一些趋势使得公众参与成为决策过程的一个必需部分。传统的精英主义和专家主导的遗产再现方式与遗产研究日益受到挑战。英国、澳大利亚和新加坡，在不同的领域都建有由普通大众以及专家所组成的咨询委员会，保护问题的建议要提交给公众讨论（Yung & Chan，2011）。Razzu（2005）的研究发现有较多参与者的遗产保护更有利于财富的再分配，可以缓解甚至改变历史街区的贫困问题。Townshend & Pendlebury（1999）较早地关注了历史街区保护中的公众参与，他们对英格兰东北部的两个历史街区进行了比较研究，结果发现，当地政府确实开展了公众参与实践，但是在参与策略执行的质量和数量上，地区之间的差别很大，而且在目标和目的上也有所不同。他们进一步指出公众参与在那些与当地特性和适应性方面相关的关键质量方面能够起到较大的作用。Hampton（2005）提出国家、机构、企业必须让公众参与到遗产旅游地管理中来，而不只是扮演一个被动的"主人"角色。Spencer（2010）对此持同样的观点，认为有效的旅游规划需要公众参与，并进一步指出公众参与旅游规划的形式包括召开旅游咨询委员会或议会，实行公开听证会多种形式，并进行焦点小组会议或调查，名义团体法（NGT）被证明是一种有效的方法。为了保护和复兴文化遗产，Venn & Quiggin（2006）提出应赋予地方公众相应权利，如直接参与环境管理、永久参与政策的制定过程、保护遗产独特性等。Yung & Chan（2011）强调了公众参与在遗产保护中的重要性，通过对香港两个有争议的案例进行分析，探讨了公众参与遗产保护方面存在的问题。Mannigel（2008）研究了不同利益群体喜欢的参与形式，指出影响参与的因素可分为个人的、社会文化的、机构的以及后勤的四类。有学者提出，公众参与城市遗产保护存在的问题主要包括公众参与城市遗产保护的责任不清晰，公众参与缺乏可操作且合法的系统，城市管理过程中权利失衡，公众缺乏应有的遗产保护意识等（Sarvarzadeh & Abidin，2012）。公众愿意参与城市遗产保护小组讨论，前提是这些讨论是相互尊重且相互信任的，尊重不同的观点，有平等的发言机会，提供共同的利益，相互对话，有沟通反馈（Koorosh，Sza & Ahad，2015）。

西方国家公众参与遗产保护的积极性较高，民间组织和当地居民的参与已经成为遗产保护工作的必然趋势。有关社区参与遗产地旅游开发与保护的研究成果较多。学者们强调社区应参与旅游规划，因为社区居民能提供当地的知识，对于目的地好客氛围的营造是不可或缺的，有利于提高规划的质量和接受率（Simmons，1994；Browna & Weber，2011）。在泰国曼谷，政府鼓励当地社区参与制定当地的规划（Sirisrisak，2009）。然而也有学者指出，很少有合适的测试或评估方法，确保当地居民的利益，支持居民参与旅游规划（Simmons，1994）。对于更严格的保护地，当地居民的介入是有争议的。例如 Bruner et al.（2002）认为国家公园保护的有效性与基本的管理活动有关，如执法、边界划定、给当地社区直接补偿等，但是不包括当地社区参与到公园管理。

参与逐渐被视为促进保护地与当地利益相关者结合，减少保护地存在的冲突和消极影响的一种工具，但公众参与的成效如何有待检验。Crawford（2002）对美国州立公园设立过程中公众参与的有效性进行了评价，认为公众参与的效率会受到参与目标、意见输入和决策过程、信息通道、团体参与、参与者特点、管理机构态度、资源与资金支持七种因素的影响。Dian & Abdullah（2013）认为有效的公众参与有赖于明确和全面的立法，以加强遵守和执行与遗产有关的法律。Conrad et al.（2011）提出了有效参与的五个评价标准：公众参与的范围是什么？公众有多大的代表性？什么阶段适合公众参与？通过努力能使公众更容易参与吗？公众参与对取得的结果有多大影响？

总之，关于遗产保护，西方国家强调的是自下而上的保护要求和自上而下的保护约束能在一个较为开放的空间相互交流和接触，鼓励政府之外的各种团体及力量广泛参与文化遗产保护的各种活动。国外公众参与遗产保护研究关注的是公众参与对于遗产保护的重要性，公众中的哪些主体应该参与？如何参与？影响因素有哪些？但与公众参与的其他领域相比，遗产保护参与的研究在深度、广度上还有待进一步拓展。

2. 国内研究现状和发展趋势

目前，国内公众参与的相关研究成果主要集中在环境保护、城市规划、公共政策制定以及立法等领域。相比之下，公众参与遗产保护的相关研究则显得较为薄弱。不过近些年，有关文化遗产保护的公众参与研究在增多。学者逐渐意识到，要保护好我们的遗产，仅凭政府之力并不能达到最好的效果，还需要公众的广泛参与。

总体来看，我国公众参与遗产保护的研究主要集中在以下四个方面：

（1）公众参与遗产保护存在的问题与发展现状。单霁翔（2008）认为新时期文化遗产保护的内涵方面，将会更加突出公众的参与性和遗产的世代传承性，对文化遗产保护的社会参与将更加广泛。遗产保护不应只是一项阶段性的政府工作，而应是一个长期持续性的全民任务，需要充分发挥政府的主导作用，建立最广泛的同盟军，积极发挥公众的参与作用（黄小杭，2008；蔡文祺，2011）。然而目前公众参与遗产保护存在着一些问题，主要体现为：参与主体不足，公众参与并不广泛；参与领域有待向深度拓展；公众参与精神还未形成；公众参与的动员性痕迹明显；参与的制度化与稳定性较低（叶正洪，2005）。为此，一些学者积极探索增强公众参与遗产保护意识的途径，努力使广大群众能自觉自愿投身于文化遗产保护工作中（张素英，2008；刘爱河，2008）。龚亚西和高颖玉（2016）对苏州城市遗产保护中公众参与的现状和存在的问题进行了分析，在分析政府、企业、组织、个人等在城市遗产保护中所扮演角色的基础上，提出了公众参与城市遗产保护的优化对策。丁枫和阮仪三（2016）提出应注意由于社会组织方式、历史文化不同所造成的城乡差别对公众参与的影响，并试图找出促进遗产保护公众参与的关键问题和方法。

（2）国外公众参与遗产保护的经验借鉴。为了改变目前我国公众参与遗产保护的困境，一些学者将国外公众参与的经验引入国内，提出了我国遗产保护的公众参与相应对策。如张顺杰（2009）、张国超（2013）、刘春凯（2016）对意大利、美国、日本以及英国等国家公众参与文化遗产管理的历史和经验进行了介绍，发现西方发达国家的共同之处在于通过立法的渠道赋予公众参与的权利，同时不断完善公众参与途径，鼓励设立民间组织。汪丽君等（2011）通过对美国建筑历史遗产保护中的重要事件与项目进行梳理，发现美国主要强调以市民为主体，并通过立法保障赋予本地社区权力，力图实现历史遗产功能的转换和可持续发展，在环境教育、景观控制等方面展开了多方位的保护运用。这些成功的经验，为我国遗产保护的公众参与提供了借鉴与启示。早期的研究多以介绍国外遗产保护公众参与的机制或实践为主，之后逐渐转向遗产保护中的非政府组织参与、具体的保护与激励政策及典型案例分析。如沈海虹（2006）对美国文化遗产保护中的税费激励政策进行了研究。燕海鸣（2014）将墨西哥阿尔班山考古遗址和我国西安大明宫考古遗址公园的保护进行了比较研究后，认为基于沟通、信任、专业性的公共事务参与机制能够有效促进遗产的保护。然而，也有学者指出，我们不能照搬国外公众参与的形式，应结合我国国情，从实际出发，保证形式和内容相统一，循序渐进地实行公众参与。

（3）遗产保护的公众参与机制。公众对遗产保护的积极参与，在很大程度上取决于自身的道德意识，与此同时也需要一定的制度条件和物质条件作为保障（马洪雨，2007）。不少学者从关注公众参与存在的问题开始转向促使问题得以解决、保障公众参与权利的公众参与机制研究。胡春华和游晓兰（2008）对民族民间文化遗产保护的立法环节、行政执法环节、监督和救济环节的公众参与作出了制度安排。刘靖（2007）提出了公众参与历史文化遗产保护的保障机制，主要包括政策保障、技术保障、法制保障以及宣传保障。王娟（2009）认为在完善公众参与的制度保障方面要进一步加强听证会制度、信息公开制度和诉讼机制建设。刘敏（2012）则从法治机制、回应机制和教育机制三个方面对建筑遗产保护过程中公众参与机制进行了研究。贾丽奇和邬东璠（2014）探讨了公众"实质性"参与天坛遗产保护的关键问题，为地坛环境整治的正式规划引入公众参与机制提供建议和参考。有学者对公众参与遗产保护的有效性进行了研究。如张佳等（2014）在对香港历史建筑保育实践中形成的"政府、非营利组织、公众"伙伴式协作保育模式进行研究时，发现公众参与的有效性取决于公众参与目标设置和利益相关者对决策的影响程度。

（4）遗产保护中的民间组织参与和社区参与。学者们认为，公众中的民间组织、公民社会以及当地社区的积极参与能够促进遗产的保护。目前我国一些民间力量开始介入遗产保护，他们主要是以营利性为目的的私营企业和个人，与政府达成某种约定，通过对遗产地或历史建筑的保护获得相应的开发或收益。当然，也有少部分的非营利性组织和基金会主要以保护为根本目的，如冯骥才民间文化基金会和阮仪三城市遗产保护基金会等（阮仪三、丁枫，2007）。有学者认为公众参与的主体地位应该以非政府组织的方式加以体现，因此倡导要积极发挥非政府和非营利机构的作用（李向北，王裴，2007）。王林和廖国一（2013）提出自组织是提高遗产旅游社区公共事务治理绩效的有效途径，有利于实现村落遗产旅游的可持续发展。邓正恒（2015）以广东开平市仓东教育基地及香港长春社文化古迹资源中心为例，研究了民间组织在非物质文化遗产保育中的作用，倡导进一步推动民间组织管理体制改革和创新，健全民间组织保育非物质文化遗产的行为准则。尽管我国遗产保护的民间力量正在成长，但是也存在着一些不利因素，如注册难，缺乏相应的扶持政策；社会慈善程度不高，税收政策的限制；资金来源渠道少且没有保障；法律不健全；民间组织自身管理和运作状态不佳等（阮仪三、丁枫，2007；刘爱河、燕海鸣，2016）。公民社会必须以政府引导为前提，政府和民间共同努力做好遗产保护工作（李昕，2008）。

遗产保护在"自上而下"进行的同时，应更注重激发地方性主体自觉的保护意识（龚坚，2009）。因此，社区参与成为众多学者研究的热点。有关社区参与的研究主要集中在社区参与遗产保护与旅游开发等方面。张铭心和徐婉玲（2010）以高昌故城为例，认为文化遗产保护应注重社区参与，倡导将文化遗产与遗产地社区的利益主体纳入整体研究视野。许多学者都认同社区居民参与有利于促进遗产资源的保护与开发（金一、严国泰，2014）。社区参与旅游的形式主要表现为政治参与、经济参与、文化参与和环境参与。孟华和焦春光（2009）发现泰山社区居民的政治参与几乎没有，社区只参与了经济活动领域，只是浅层参与甚至未参与，因缺乏有效的激励机制引导群众自觉参与保护，因此，在实践中的社区参与远未实现。李强和王红艳（2008）认为社区自主强调社区居民的利益优先权和决策参与权，这需要政府在管理、人力资源、规划、资源保护等方面给予支持。

以上四个方面是目前我国公众参与遗产保护的主要研究内容，其研究多采用案例分析的方式，对现状进行描述，对存在的问题提出相应的对策，以定性研究为主。值得注意的是，一些学者也开始注意引入定量方法进行研究，如王华和梁明珠（2009）以香港市民参与保留皇后码头为例，运用实证研究，发现政府对公共性遗产资源保护的宣传、政府对公共性遗产资源保护的公众咨询、公众就公共性遗产资源保护申诉的权利保障、政府采纳公众合理建议和意见、政府与公众就公共性遗产资源保护的沟通对话、政府对公众参与公共性遗产资源保护的政策、司法部门对公众诉讼的司法复核的公正性七种因素影响着公众参与公共性遗产资源保护。陈金华和黄家仪（2010）利用问卷调查和访谈的形式，调查了澳门当地的居民对文化遗产保护的感知与参与行动的意向，结果显示澳门居民对文化遗产有较强的感知，也十分重视文化遗产的非物质价值，但是对参与保护的行动并不强烈。也有学者通过构建 PPWGIS 模型对文化遗产旅游地公众参与管理模式进行了探讨（张维亚，2008）。

　　总体而言，目前有关遗产保护公众参与的研究成果相对较少，研究基础还较为薄弱，研究内容还停留在公众参与的益处、问题、现状等方面，对于公众如何参与、影响公众参与的因素、如何激励公众积极参与遗产保护、公众参与的有效性等方面的研究涉及较少；在研究方法上，多以定性描述研究为主，定量研究较少。但可预见，未来对于公众参与的研究内容将更广泛，研究问题将更为深入，定量研究与定性研究相结合将是未来的研究趋势。

　　3. 对公众参与遗产保护研究的评价

　　在国外，公众参与作为实践市民权利的一种渠道，已得到了政府和社会的认同，有一定的法律保障，且在执行过程中有严格的操作程序规定。而我国虽然也有相关规定，但是具体的操作程序却严重缺乏，学者们仍在为争取公众参与遗产保护的权利而奔走呐喊。从国内外遗产保护公众参与研究成果来看，相关研究成果比起环境保护、城市规划等领域的要少很多；在研究对象上，国外主要关照的是文化遗产和自然遗产，而我国对文化遗产关照较多，自然遗产的参与保护相对较少；从研究深度上看，国内外遗产保护公众参与仍处一个初期阶段，学者们主要关注的是公众参与遗产保护的必要性与重要作用、影响公众参与遗产保护的因素、公众参与遗产保护的现状与问题分析，至于更为具体的参与途径与方式以及更为深入的参与的有效性则涉及较少。这主要与遗产保护公众参与的现实情况紧密相关，目前现实情况是公众参与严重不足，因而也就无法测量公众参与的有效性。哪些因素影响着公众参与？如何调动公众的积极性？如何激励他们积极参与遗产保护？这些就成为当前以及未来需要深入研究探讨的问题。

本章小结

本章对核心概念——遗产、世界遗产、公众以及公众参与进行了说明与辨析，明确了本书核心概念的内涵。对本书所要运用的利益相关者理论、公共选择理论、治理理论以及激励理论的理论背景、理论要点和内涵进行了梳理，这四种理论将作为本书的主要理论支撑，为后续研究奠定基础。在对国内外大量文献进行梳理和分析的基础上，阐述了国内外公众参与研究进展以及公众参与遗产保护研究进展，并对国内外的公众参与研究在研究领域、研究内容以及研究方法上进行了比较分析。研究发现，遗产保护以及公众参与是目前国内外的研究热点，然而公众参与遗产保护的研究成果，国内外都还不够成熟，尤其是我国，公众参与相关研究还处于凸显期，与国外相比略显落后，无论是研究的深度还是广度，抑或是研究手段，都存在着一定的差距。对于如何激励公众积极参与遗产保护的相关文献还较少。因此，本书将从利益相关者的视角，探索能够激励公众积极参与遗产保护的各种激励因子与激励机制。

遗产保护公众参与的国际经验借鉴

不少国家在遗产保护方面，注重公众参与的积极作用，并采取各种措施引导公众参与遗产保护的各项工作或活动，他们的有益经验可以作为我国公众参与遗产保护的借鉴。本章选取了欧洲、北美以及亚洲地区公众参与遗产保护成效较好的法国、美国以及日本为例，提炼他们在公众参与遗产保护方面的成功经验，并将我国的现状与之比较，以便更好地促进我国公众参与遗产保护的研究和实践。

3.1 法国的遗产保护

法国历史悠久，拥有丰富的遗产资源，截至 2016 年 7 月，法国共有 42 项世界遗产，位居全球第四。法国在选择遗产时的一个重要标准是看其是否"intéressant"（有意思）、"affective"（有情感）（邵甬，2010）。法国遗产的产权性质较为复杂，就历史建筑而言，私有产权占 47%，城市公有占 44%，国家公有占 4%，其余 5% 则是其他的（周俭、张恺，2003）。尽管这样，法国政府和人民都十分重视对遗产的保护，并通过各种途径形成了全民共识。在遗产保护方面，法国能够充分调动广大民众的积极性，鼓励公众积极参与遗产保护活动，在保护遗产方面取得了卓有成效的成绩，其主要的经验如下。

3.1.1 有效的遗产保护管理体系

法国是一个中央集权的国家，他们奉行同化、普遍利益和平等三条原则。同化是指所有法国人在政治、文化、语言和经济利益方面是一个统一体，但他们也承认地方文化传统、民族身份等；普遍利益由国家决定，当私人利益、地方利益与普遍利益发生冲突时，普遍利益优先；至于平等，既指机会平等，也指法律面前人人平等。法国的行政管理体制决定了遗产保护主要由国家统一集中管理，但其奉行的三条原则也保证了公众的参与权利。经过 100 多年的建设，遗产保护管理体系已较为完善，几乎遍布了所有需要保护的区域，且管理队伍专业化程度非常高，他们通常都是经过严格训练的技术官员，加之有着专业的监督和咨询机构，使得遗产保护工作较易开展。

在法国，由中央政府中的文化与交流部下属的"建筑与遗产司"负责文化遗产保护。建筑与遗产司下设建筑与遗产总监、交流和档案部、总秘书长和四个分司，具体为：建筑与生活品质分司，建筑教育培训和研究分司，文物建筑和保护空间分司以及考古、人类学、普查和信息系统分司。建筑与遗产司主要负责普查、研究、保护、维护和宣传建筑、城市、人类学遗产及法国丰富的艺术；关注建筑师创作活动、促进实施相关法规；关注遗产保护状况，促进保持传统技艺，参与组织有关建筑和遗产的教育、培训与研究。完善的管理体系保证了遗产保护的有效性。

3.1.2 完善的遗产保护制度与法律体系

法国将历史遗产视为公共财富，认为对遗产的破坏或保护不当就是损害了公众利益。因此，他们制定了较为完善的遗产保护制度与法律体系，充分体现了国家对公众利益的保护，可以说，这是法国遗产保护卓有成效的关键。表3－1列出了法国遗产保护的相关法律法规。

值得一提的是，法国实行的国家建筑与规划师制度以及拆除许可证制度对于遗产保护有着重大的意义。国家建筑与规划师制度要求取得建筑师资格的执业建筑师在通过严格的考试筛选后，进入法国文化部培养国家建筑与规划师的专门学校进行为期两年的培训。法律赋予国家建筑与规划师在项目审批中很大的否决权，他们可以代表国家利益，从专家的角度出发，对被保护地区的拆除和建设活动进行调控。而拆除许可证制度，是指对建筑的拆除和建设一样，必须向当地市长申请许可，但获得拆除许可证并不意味着同时获得建设许可证。这样，一方面使遗产得到专业人士的保护，另一方面也让遗产保护有法可依。此外，20世纪80年代颁布的《地方分权法》，使得官方对遗产的态度也发生了改变，"从而使高度中央集权的政策转变为更多元的政策，从国家管理转变为地方参与管理"（邵甬，2010）。

表3－1　法国遗产保护相关法律法规

时间	法律法规	主要特点
1887	《历史纪念物法》	该法认为应从"历史或艺术角度"对具有"国家利益"的建筑物进行保护；提出对历史建筑周围环境的保护和对其本身的保护同样重要的观点

（续上表）

时间	法律法规	主要特点
1913	《历史建筑保护法》	该法规定如果国家认为符合公共利益，不经产权人同意可以对该建筑进行列级保护；确定了登录文物建筑制度。此法奠定了法国遗产保护实践的基础
1930	《景观地保护法》	该法将自然景观地以及其中的历史建筑物和构筑物按照历史建筑的方法，进行列级登录；能够运用该法保护登录建筑周围的环境
1943	《文物建筑周边环境法》	该法规定在每幢登录的历史建筑周边 500 米半径范围内，新建筑都必须经过额外的审查，主要由法国国家建筑师行使该项权力
1960	《国家公园法》	该法规定在指定区域内的动植物，包括土壤、大气、地下水以及独特的自然景观等，都受到法律的保护
1962	《马尔罗法》	该法提出了"保护区"概念，确定了各种公共和私人角色在保护区中的权利与义务，平衡两者的关系，并促进双方共同参与保护区的更新发展。其重要特点表现为：强调城市建成环境是否值得保护与它的质量没有绝对关系；保护区中的新建筑是否可以建造，完全由建筑及其他城市要素的不同保护标准而决定，公共和私人业主都要受到这一约束
1967	《景观地保护法》（修订）	该法规定进入遗产名录或被指定为自然遗产的景观可以是树木、村落，也可以是历史街区
1982	《地方分权法》	该法创造了一种新的保护地区的类型——建筑、城市和风景遗产保护区，由地方政府自行决定是否建立这类保护区，但其中的建设要通过国家建筑与规划师的审批。该法强调国家的职责在于遗产保护方面，加强了地方在城市规划和城市建设中的权力，增进了地方政府对保护区建设的关心

3.1.3　广泛发动公众参与遗产保护

19 世纪，法国的遗产保护还停留在国家层面、精英层面，直到 20 世纪上半叶，才通过对城市建设的许可管理，以保护"国家利益"和"公共利益"的名义深刻影响到遗产区内人们的利益（邵甬，2010），可以说，20 世纪是法国在遗产保护方面迅速发展的重要时期。随着法国遗产概念内涵、外延的不断扩大，遗产保护的范围也在扩大。遗产的认知、保护和价值体现不可能仅凭国家来实现，需要在国家、地方政府、个人之间进行合理的职能分配。因此，法国遗产保护战略也逐渐发生了变化，从"举国政策"向"全民政策"转变，改革原来以国家为核心的遗产保护制度，充分发挥地方政府的作用，特别强调以"居民"为核心制定政策，使遗产保护从"精英"回归"大众"，这已成为法国目前遗产保护政策最主要的特点。

1. 广泛发动宣传教育

目前法国遗产保护的战略重点是将遗产保护和法国公民生活环境品质紧密联系起来，将遗产保护和经济发展、就业机会扩大及文化和旅游发展紧密联系起来。因此，就需要充分发挥地方政府以及老百姓的积极性。要调动他们的积极性，首要前提是提高大家对遗产价值的认知，培养他们的参与保护能力，从而促使公众自觉自愿地参与遗产保护。

法国在遗产的宣传教育方面投入了大量的资金和人力。在专业教育方面，法国在各地建立了很多私人的、公私合办的遗产保护修缮技术培训学校，对地方的修复师、工匠等进行专业培训。此外，还建立了国家文物建筑中心，主要负责对遗产保护进行研究、培训、展示和宣传。1984 年，法国最早设立了"文化遗产日"，每年的主题都有所不同，目的是向公众推广文化遗产的概念并促使公众热爱遗产，进而推动公众保护遗产。另外，法国还经常在学校对学生进行遗产知识教育，通过各种形式向旅游者进行宣传。一些遗产保护协会还经常举办一些座谈会，编印一些小册子，向公众宣传遗产保护的理念。

法国是最早对文化遗产进行普查的国家之一，20 世纪初以及 20 世纪60 年代分别进行了两次遗产大普查。在普查过程中，他们充分发动群众，积极鼓励个人和团体参与，与当地牧师、地方协会会员建立了良好的关系。普查的成果让更多的法国人认识了这些遗产，从而产生了较强的地方认同感和自豪感，有助于遗产的进一步保护。

2. 鼓励民间力量参与遗产保护

除了国家力量之外，法国积极鼓励地方遗产保护社团（协会）参与遗产保护的各项活动，如建筑修复、居民教育、向游客进行遗产保护的宣传等。法国有着数量众多的与遗产和景观相关的社团（协会），这些社团（协会）成为遗产保护工作中非常重要的社会力量，他们可以向政府反映意见，参与计划和管理工作，能够让公民更好地发表意见和保护自身利益。

3. 多渠道筹集遗产保护资金

在法国，真正属于国家所有的文物建筑比例较少，大多都是属于地方市镇和私人所有。因此，法国通过一系列措施鼓励地方市镇和私人投入资金对这些遗产进行修缮。他们通过减免个人所得税、遗产税等形式，鼓励产权人对遗产保护和升值的投资。表 3 - 2 列出了法国遗产保护各投入方的投入产出关系。

表 3 - 2   法国遗产保护各投入方的投入产出关系

投入方	投入	产出
业主	维修费 15% —75%	不动产品质提升；房租和其他房产收入
地方政府	维修费 10% —50%	改善地区形象；增加地方税收；地方经济振兴；社会平稳发展；地区吸引力增强
国家	维修费 25% —70%	城市遗产保护；增加国家税收；社会平稳发展
公众	较低的租金/售价 较低的消费	住在舒适的城市中心；生活多样性；旅游、休闲；增加自豪感；文化和历史的感受
地方企业	技术和劳务	增加地方的经济活动；获得比较多的发展机会

资料来源：邵甬. 法国建筑·城市·景观遗产保护与价值重现 ［M］. 上海：同济大学出版社，2010：191.

1996 年法国成立了"文化遗产基金会"，其目的是为了募集更多的社会资金来保护那些还未被列入国家保护大伞下的更普通的遗产。基金会的资金来源主要包括基金会成员的会员费、财务收入、公共资金、基金投资产出、企业和个人捐赠与遗赠及其活动产生的所有收入。此外，与遗产有关的基金会目前大约有 25 个，他们在法国遗产保护方面发挥着积极的作用。

3.2　美国的遗产保护

美国是一个移民国家，他们的历史建筑和历史城镇与欧洲相比要少得多。尽管如此，在经历了 20 世纪 60 年代的城市更新进程之后，美国也逐渐意识到保护历史遗产的重要性。因此，那些为自由和国家独立而牺牲的英雄史迹，独立战争、南北战争的战场以及名人故居等在人们的反思之后得到了较好的保护。虽然文化遗产相对较少，但是美国却拥有丰富的自然遗产，他们在保护自然遗产方面取得了突破性的成绩。美国遗产保护的突出特点是"自上而下"与"自下而上"的有机结合，很多法律法规的出台都是在民间社会组织的推动下产生的。

3.2.1　用完善的法律制度保障遗产的可持续发展

美国联邦政府颁布了多部有关遗产保护的法律法规，包括文化遗产保护法、自然遗产保护法、环境政策法以及无形文化遗产保护法，这些法律法规对遗产的管理者、监督者、欣赏者等的行为均作出了相应的规定与要求，从制度上保障了遗产的世代相传性，为遗产的保护奠定了法律基石（表 3-3）。在美国国家公园规划方面，将公众参与作为一般原则提出，要求管理机构积极寻求并咨询已有和潜在的游客、邻近和与公园土地有传统文化联系的人、科学家和学者、特许经营者、合作团体、进出口通道附近社区、其他合作伙伴和政府机构等（李如生，2005）。

表 3-3　美国与遗产相关的法律法规

类型	法律法规	类型	法律法规
文化遗产保护法	《联邦文物法》（1906） 《历史古迹与建筑法》（1935） 《国家历史保护法》（1966） 《考古资源保护法》（1979） 《查尔斯顿原则》（1990）	自然遗产保护法	《黄石公园法》（1872） 《国家公园系统组织法》（1916） 《野生动物保护法》（1964） 《国家公园及娱乐法》（1978） 《国家公园系列管理法》（1998）

（续上表）

类型	法律法规	类型	法律法规
无形文化遗产保护法	《民俗保护法案》（1976）	环境政策法	《土地和水资源保护法》（1964）《国家环境政策法》（1969）《阿拉斯加国家土地保护法》（1980）

3.2.2　国家公园制度在保护遗产方面卓有成效

美国边疆风情画家乔治·卡特早在 1832 年就提出了建立"国家公园"的理念（彭顺生，2008），这一理念最终在 1872 年黄石国家公园的建立中成为现实。美国国家公园通过法律的形式，明确规定全体美国人民共同拥有国家公园，公园由联邦政府直接管辖，目的是为公众提供欣赏公园资源的机会，并将国家公园的资源和价值完整地传给子孙后代。目前美国共有59 个国家公园，形成了完整的国家公园体系。公园在系统规划、土地保护、自然资源管理、文化资源管理、公园的利用与设施建设、讲解与教育等方面均有明确的标准与规范。美国国家公园的理念、规范、标准等都走在了世界前列，对于保障公民的公共利益、保护文化和自然遗产起着至关重要的作用。

3.2.3　市民社会较成熟，公众通过多种形式参与遗产保护

美国的市民社会（civil society）发育充分，能够起到调和个人利益与公共利益的作用。"美国文化强调个人身份的同时又赋予其一种道德标准，私人事务被赋予一种公共性质，这深深地影响了美国的社会和政治领域"（王红军，2009），正是因为发育成熟的市民社会，公众可以通过各种形式参与遗产保护。可以说，美国遗产保护有着显著的自下而上的特点，不少遗产保护法是在相关社会组织的推动下产生的，保护资金也多来自社团组织或社会捐赠。

一方面，市民阶层是遗产保护的重要动力来源，这在美国遗产保护的实践中已经得到验证。如在保护华盛顿总统故居弗农冈（Mount Vernon）中，安·坎宁安发出呼吁并组建了弗农冈女士协会，最终使该故居置于良好的保护中。在美国国家公园推行志愿者制度，人们可以通过成为公园志

愿者，经过培训之后参与公园的管理与建设工作。

　　另一方面，数量众多的各种民间社会组织在遗产保护中发挥着重要的作用。这些民间社会组织包括非营利组织、社区组织等，大多都是非营利的私人组织，其收入除会员缴费外，主要来源于社会和私人捐助。美国社会有慈善捐助的传统，且政府允许公民将个人所应缴税的部分免税捐给慈善机构，进一步促发了慈善行为的产生。公众可以通过参与这些社会组织，发出草根阶层的声音，参与遗产保护的工作。如 1949 年成立的美国历史保护国民信托是美国最大的历史保护组织，整个组织尽量接近草根阶层，重点关注地方和社区的历史遗产保护。社区组织在地区遗产保护中也起着重要的推动作用。在历史保护地段中，历史区划条例的制定要尊重社区组织的意见，接受其监督。社区居民可以通过社区组织来参与遗产保护，地方遗产也因有社区居民的参与而得到更好的保护。此外，美国许多历史社区还建有社区基金会，包括专项的保护基金和循环基金，为社区的建筑遗产保护提供资助。这些基金来源可以是个人捐赠，也可以是地方企业，或其他基金会或政府机构的捐赠。总之，成熟的市民社会让公众能够更方便、更有序地参与遗产保护。

3.3　日本的遗产保护

　　在亚洲，日本的遗产保护走在了前列。日语的"文化财"是英文 cultural property 的直译，包含了有形文化财、无形文化财、民俗文化财、纪念物和传统建造物群五类。日本文化财保护从最初的古社寺保存，发展到对城郭、庙宇、茶室以及普通的传统民居的保护，之后逐渐扩展为对近代建（构）筑物、历史村落和历史街区的保护。经过一百多年的发展，日本在遗产保护中的法制建设、公众参与以及无形文化遗产保护等方面均取得了丰富的经验。

3.3.1　注重遗产相关法律制度的建设

　　日本遗产保护可以分为"二战"前和"二战"后。"二战"前的文化财保护，"完全是为国家自身的目的，没有考虑国民的利益，在立法上也就没有涉及国民权利的问题"（张松，2008）。"二战"之后，由国家保护的文化财范围不断拓展，保护的行政机构也逐渐健全，并逐渐意识到文化财是全民的宝贵资产，保护的目的是为了提高国民的文化素质，同时为世界文化的进步作出贡献。与之相适应的遗产相关法律法规也不断完善。日本通过法律制度建设，加大了遗产保护的力度，使遗产置于完善的法律保障之中（表3-4）。

表3-4　日本文化财保护的相关法律法规

时间	法律法规	主要特点
第二次世界大战前	《古器旧物保存法》（1871）	旨在保护工艺美术品
	《古社寺保存法》（1897）	确定社寺所有的宝物、建造物为保护对象，而国家、地方公共团体及个人所有的物品不包括在内
	《史迹名胜天然纪念物保存法》（1919）	以保护与土地有关的文化财为目的
	《国宝保存法》（1929）	扩大了保护对象，从对社寺建造物保护，扩大到城郭、宫殿、住宅、茶室等国有、公有、私有建造物的保护
	《国立公园法》（1932）	标志着日本自然遗产保护工作法制化建设的开始
第二次世界大战后	《文化财保护法》（1950）	日本关于文化财保护的第一个全面的国家法律文件，确立了有关文化财指定、管理、保护、利用、调查的制度体系
	《文化财保护法》修订（1954）	增加对重要文化财管理团体的规定；设立重要无形文化财的指定及保持者认定制度；将民俗资料从有形文化财中分离出来，设重要民俗资料、无形民俗资料的记录保存制度等
	《自然公园法》（1957）	将国立公园、国家公园、都道府县立自然公园，统称为"自然公园系统"，目的是为保护优美的自然风景地区，增进其利用，并提供为国民的保健、休养及教育感化

（续上表）

时间	法律法规	主要特点
第二次世界大战后	《古都保存法》（1966）	目的是保护古都内的历史风土
	《文化财保护法》修订（1968）	废除了文化财保护委员会，设立了新的文化厅
	《文化财保护法》修订（1975）	进一步明确文化财的概念；设"传统建造物群"为新的一类文化财；将民俗资料改称为民俗文化财，设立了重要无形民俗文化财制度；设立对文化财保存相关的传统技术的保护制度
	《文化财保护法》修订（1996）	导入欧美广泛采用的文化财登录制度；地方权限委任的措施；为促进重要文化财的活用，放宽对其限制的措施
	《文化财保护法》修订（2005）	增设"登录有形民俗文化财""登录纪念物"制度

3.3.2 重视对无形文化遗产的保护

日本在 1950 年版的《文化财保护法》中第一次提出了"大文化遗产"理念，将文化遗产分为有形文化财和无形文化财两类，极大拓宽了文化遗产的保护范围。从 1954 年开始，日本就着手"重要无形文化财"的指定工作，目前已形成了一套复杂而完整的认定制度。此外，日本还特别重视无形文化财传承人的认定与支持。政府不仅在经济上予以一定的补助，此外，这些传承人还会被赋予相当高的社会地位，从而激励他们保护与传承这些重要的无形文化财。

3.3.3 市民运动推动了遗产保护的进程，公众参与促进了遗产保护

"二战"之后，随着日本文化财保护目的的转变，政府对于公众参与遗产保护的态度也随之发生改变。政府鼓励、支持公众组建遗产保护社团组织参与遗产保护工作。事实上，20 世纪 60 年代初，妻笼提出了"保护

优先于所有的开发"的主张，在妻笼保护运动的引导下，日本全国各地市民保护运动逐渐呈现组织化。妻笼、有松、今井町联合成立了"历史街区保护联盟"，之后发展为"全国历史街区保护联盟"。在京都、奈良、镰仓，由市民主导的古都风景保护运动高涨，在声势浩大的市民保护运动的推动下，促成了《古都保存法》的制定与实施。1975 年修订《文化财保护法》也是地方民众和地方自治体努力的结果（张松，2008）。

日本在 1998 年通过了《特定非营利活动促进法》，赋予了从事特定非营利活动的团体法人资格，公众可以通过这些团体参与遗产保护活动。多次重大实践证明，公众的积极参与将会极大地促进遗产的保护。因此，现今日本对遗产的保护开始逐渐关注当地居民的感受，鼓励社区参与。

3.4　中外遗产保护公众参与的比较分析与启示

3.4.1　中外遗产保护公众参与的比较分析

不同的国家，由于自然、经济、社会环境等方面有着诸多的不同，它们在遗产保护上也各有特点。根据上述分析，将中国与法国、美国、日本三国在政治体制、遗产管理机构、遗产保护特点、遗产保护资金来源、遗产保护法律法规、是否采用遗产登录制度、民间社团的作用以及公众参与程度等方面进行横向比较，希冀通过比较分析，为我国遗产保护提供相应的经验借鉴。

表 3 - 5　法、美、日、中四国遗产保护比较分析

比较点	法国	美国	日本	中国
政治体制	实行半议会半总统制，总统和议会都由全民直接选举产生，管理上采取自上而下的中央集权制度	联邦制国家，实行总统制，政治制度上实行立法、司法和行政三权分立与制衡相结合	实行以立法、司法和行政三权鼎立为基础的议会内阁制	实行人民代表大会制度和民主集中制，但在管理上多采用自上而下的中央集权制度

（续上表）

比较点	法国	美国	日本	中国
遗产管理机构	文化遗产保护中央机构是文化与交流部下属的"建筑与遗产司"；大区文化事务厅以及省级建筑与遗产局是中央派驻地方机构。既有垂直的组织机构，也有横向的保护机构，分工具体明确	隶属内政部管辖的史迹保护联邦理事会以及国家公园司是遗产保护的国家级权力机构；在地方，各州都设立了史迹保护办公室。构建了上有中央国家级，中有州级，下有县市级文化遗产保护组织	遗产保护机构由政府机构、咨询机构和社团组织构成。文化厅属下的文化财部是日本遗产保护的中央政府机构。文化财保护审议会是负责文化遗产保护的咨询机构	对遗产实行垂直管理与保护，无统一的部门直接管理，文化部、国家文物局、教育部、林业局、建设部等多个部委均有遗产保护的职能，形成了纵横交错的遗产管理机构
遗产保护特点	以国家保护为核心，并充分发挥地方政府的作用，以"居民"为核心制定政策	对遗产资源进行整体保护	重视遗产的保存与活用，高度重视无形文化遗产的保护与传承	遗产保护与经济发展的目的相结合
遗产保护资金来源	中央政府提供主要的保护资金，此外通过各种遗产基金会也募集了大量的遗产保护社会资金	一部分资金由联邦政府提供，大部分保护资金来自社团组织或社会捐赠，包括企业捐赠、私人捐赠等	政府提供主要的保护经费，此外，也通过民间社团等筹集资金	遗产实行属地管理，因此，中央政府负责部分保护资金，而其余部分则由地方政府负责提供。来自遗产保护基金会的经费较少
遗产保护法律法规	遗产保护相关法律法规的制定主要针对历史建筑、历史街区及历史遗迹、自然景观等，但对无形文化遗产保护方面有所欠缺	遗产保护法律制度较完善，覆盖面较广，涵盖了文化遗产保护法、自然遗产保护法、环境政策法以及无形文化遗产保护法，其自然遗产保护法尤其突出	遗产保护法律制度较完善，尤其是有关无形文化遗产的保护尤为突出。重视及时修订法律法规，保证了法律法规的有效性	遗产保护法主要由有形文化遗产保护法、自然遗产保护法以及无形文化遗产保护法构成，但缺乏遗产保护的总法

（续上表）

比较点	法国	美国	日本	中国
遗产登录制度	采用	采用	采用	不采用，实行指定制度
民间社团的作用	目前共有大小不等、功能不一的民间社团组织18 000个。它们成为国家力量的重要补充，可以向政府反映意见，参与计划和管理工作。文化遗产的保护大多通过委托民间社团组织托管的方式来实现	遗产保护社团组织比较发达且活跃，在遗产保护中发挥着重要作用。美国不少遗产保护法都是在有关民间社团组织的呼吁下催生的；相当一部分遗产保护的资金来自社团组织	政府鼓励、支持民众组建遗产社团组织。日本遗产保护的一些法律是在公众以及民间社团的推动下产生的，它们对于遗产保护有着重要的作用	分管遗产保护工作的相关部委兼有相应的咨询机构，但由于众多遗产的国有性质以及目前实行的管理体制，相关社团组织很难介入，民间社团组织的作用十分有限
公众参与程度	公众中度参与	公众高度参与	公众中度参与	公众低度参与

3.4.2 国外公众参与遗产保护对我国的启示

法国、美国以及日本在遗产保护方面的一些有益经验值得我们学习与借鉴，尤其是他们对于公众参与遗产保护方面的做法，给我国遗产保护提供了一些启示。

1. 健全的遗产法律制度是根本保障

多个国家的经验告诉我们，遗产保护的关键在于遗产保护相关法律制度的建立与健全。法国、美国和日本都有较为完善的遗产法律制度，这些法律制度覆盖面较广，涵盖了遗产的方方面面，且具有较强的可操作性。如美国国家公园相关法律法规对管理者、游客的行为等都有具体的规定；日本则会随着时间的推移和遗产保护形势的发展对法律法规进行修订，如《文化财保护法》自颁布之后，先后进行过五次修订，使法律法规能够与时俱进，避免了法律滞后于现状的情况产生。实践证明，在遗产管理并不是很顺利的时候，制度能够起到关键的保障作用，可以避免人们随意根据经验草率行事而造成对遗产的破坏。国外公众之所以能够积极参与遗产保护工作，与法律保障人们的参与权是密不可分的。在我国，也颁布了与遗产有关的法律法规，如《中华人民共和国文物保护法》《中华人民共和国野生动物保护法》《中华人民共和国野生植物保护法》《中华人民共和国森林法》《中华人民共和国自然保护区条例》《森林和野生动物类型自然保护区管理办法》《风景名胜区管理暂行条例》《中华人民共和国非物质文化遗产法》等，但迄今为止，仍没有一部自然文化遗产保护方面的总法，相关的法律法规还不健全、不够完善。尽管一些遗产地根据当地的具体情况制定了一些法律法规，如《湖南省武陵源世界自然遗产保护条例》《四川省世界遗产保护条例》等，但是缺乏总法统领，在操作过程中容易出现矛盾之处，降低了实践的可操作性。因此，我国亟须加快建立健全遗产法律，完善各项制度，通过制度建设保障公众的各项参与权利，不断引导人们按制度办事，依法律行事，并鼓励公众积极参与遗产保护。

2. 遗产管理行政体制的完善

完善的遗产管理行政体制有利于促进遗产的保护，法国、美国、日本的经验突出了这一点。它们在遗产管理方面，都设有专门的机构从事遗产管理和保护事务，通常由中央机构以及地方机构构成。地方机构需听从中央机构的指挥，各部门的分工十分明确，并且权责相当。然而，在我国，遗产保护一直缺乏一个强有力的管理机构，各类遗产基本上是置于不同部门的管理之中。如森林公园归林业部门管理，风景名胜区归建设部门管理，文物属文物局管理，而自然保护区归属于海洋局、水利部、林业局等多个部门管理。事实上，一些遗产地拥有丰富的遗产资源，但这些遗产资源的管理归属于不同的部门，由于政出多门、条块分割，往往使得遗产保护工作的难度不断加大。我国应向遗产保护较成熟的其他国家学习，尽快理顺遗产管理行政体系，建立一个专门的机构负责遗产管理与保护工作，实行垂直管理，以避免出现多头管理。只有这样，公众才能够明确地知道，可以通过何种机构参与遗产保护工作，在发现问题的时候，也能知道向哪个部门报告。

3. 注重培育民间社团组织，鼓励公众积极参与

单个人的力量是薄弱的，而组建民间社团组织之后，个人在组织化之后，其能量是巨大的。许多国家都意识到了这一点，尤其是法国。这个国家原来奉行完全依靠国家的力量进行遗产保护，但在实践中，他们逐渐意识到，国家的力量是有限的，更多的工作需要下放到地方，需要民间社团组织共同参与。因此，法国政府采取了多项措施，积极培育民间社团组

织，鼓励公众通过社团组织参与保护工作。在这方面，美国的经验值得我们学习。他们的遗产保护是在公众的推动之下开展的，民间社团组织所起的作用是至关重要的。值得一提的是，遗产工作开展得好的国家的民间组织大多都是独立的，这使得他们在参与遗产保护时，能够保持客观中立的立场。众多国家的经验告诉我们，在国家力量无法企及的地方，完全可以发挥民间的力量，一方面既可以解决资金、人力等方面的问题，另一方面也可以利用民间力量监督政府的行为。

然而，在我国，民间社团组织的力量比较薄弱。不少民间组织缺乏独立性，它们大多都与政府之间有着千丝万缕的关系，这样容易使民间组织的意见倾向于政府，失去了民间组织原来的功能，变相成为一个半官方的组织。由于我国对民间组织的设立设置了重重门槛，导致民间组织先天发育不良，最终使得公众参与也困难重重。我们应向美国学习，注重培育民间社团组织，在遗产保护中引入"第三方"部门，让政府慢慢从烦琐的事务中脱身，可以将注意力集中在监督与宏观管理方面。与此同时，应逐渐转变观念，改变过去完全依赖"精英"和专家的模式，鼓励更多的公众，尤其是遗产地社区居民参与遗产的管理与保护。

4. 开展广泛的遗产宣传教育

不少国家的经验都告诉我们，遗产保护除了要关注制度建设之外，还需要加强遗产的宣传教育，让人们真正意识到遗产的重要价值，从而自觉地采取保护的行为。法国特别注重对国民的遗产教育，他们在不同类型的学校开设了遗产教育的课程，在文化遗产普查的时候，更是加强对国民的教育。因此，我们也需要开展广泛的遗产宣传教育。不仅在遗产地要加强遗产价值的宣传与教育，更要在全国范围内广泛宣传；不仅要精心培育遗产保护方面的专业人士，更要在各类学校开设与遗产有关的课程，进行遗产教育，让孩子们从小就能够认识到他们所拥有的宝贵财富。

本章小结

本章介绍了法国、美国以及日本有关遗产保护的经验，总结了它们在遗产保护方面的突出特点，并将法、美、日、中四国在政治体制、遗产管理机构、遗产保护特点、遗产保护资金来源、遗产保护法律法规、是否采用遗产登录制度、民间社团的作用以及公众参与程度等方面进行了横向比较。最后得出国外公众参与遗产保护对我国的启示，包括建立健全遗产法律制度；完善遗产管理行政体制；注重培育民间社团组织，鼓励公众积极参与；开展广泛的遗产宣传教育。

遗产利益相关者的界定与利益诉求

公众参与的成功在于识别遗产保护中的不同利益相关者，尤其是关键利益相关者。识别不同利益相关者的需要与感知之间的不同，通过合理的冲突分析与解决机制平衡不同利益相关者的冲突利益。因此，本章主要对遗产利益相关者进行界定，并分析他们各自不同的利益诉求。

4.1 遗产利益相关者的界定

目前，学者们从不同的角度、不同的领域解释利益相关者的概念，使得利益相关者的定义较多。从已有文献中发现，众多定义的一个不同点在于其所包含的内容。有的界定范围较窄，而有的则较宽。如有看法认为利益相关者只是那些有权力直接影响组织未来的人或群体，而缺少权力者不算利益相关者（Eden & Ackermann，1998）。另一种看法包括的范围较宽，无论是有权的还是无权的个人、群体或组织，都可以是利益相关者（Nutt & Back-off，1992）。Lewis（1991）指出利益相关者的识别与分析宜采用较宽泛的定义。

如何界定与识别利益相关者是利益相关者理论研究的起点，也是难点。西方不少学者提出了界定利益相关者的方法，如弗里曼（Freeman，1984）将影响企业目标的个人或群体以及受企业目标实现过程中采取的行动影响的个人或群体视为利益相关者，但这样的界定范围过于宽泛，难以在实践中操作。"多维细分法"在20世纪90年代中期逐渐成为界定利益相关者的常用分析工具。如查克汉姆根据相关群体与企业是否存在交易性合同关系，将利益相关者分为契约型利益相关者（contractual stakeholders）和公众型利益相关者（community stakeholders）；克拉克森根据相关群体在企业经营活动中承担的风险种类，将利益相关者分为自愿利益相关者（voluntary stakeholders）和非自愿利益相关者（involuntary stakeholders），又根据相关者群体与企业联系的紧密性，将利益相关者划分为首要的利益相关者（primary stakeholders）和次要的利益相关者（secondary stakeholders）。威勒引入社会性维度，将利益相关者分为四种：首要的社会性利益相关者、次要的社会性利益相关者、首要的非社会性利益相关者、次要的非社会性利益相关者（贾生华、陈宏辉，2002）。米切尔提出根据企业的具体情况，对可能的利益相关者的合法性（legitimacy）、紧急性（urgency）以及权力性（power）进行评分，将利益相关者细分为确定型利益相关者（definitive stakeholders）、预期型利益相关者（expectant stakeholders）和潜在的利益相关者（latent stakeholders）三类。米切尔的利益相关者分类模型是动态的，在一定条件下，一种类型会转化为另一种类型。

　　国内学者胡北明和王挺之（2010）提出了利益相关者管理目标二维划分法，将保护目标和开发目标作为遗产旅游地利益相关者的划分标准，将遗产旅游地利益相关者划分为开发者、保护者、边缘影响者以及双重使命者四类（图4-1）。

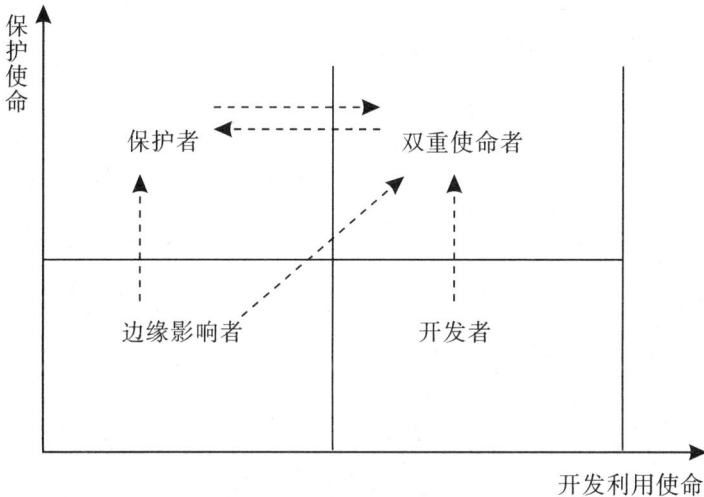

图4-1　我国遗产旅游地利益相关者划分

　　资料来源：胡北明，王挺之. 我国遗产旅游地的利益相关者分析：两个对立的案例 [J]. 云南师范大学学报，2010，42（3）：125-130.

　　孟华（2008）对世界遗产泰山旅游利益相关者进行了界定，认为可将其分为直接利益相关者和间接利益相关者。直接利益相关者包括政府、经营者、债权人、职工、旅游者等，他们对泰山旅游投入了专用性资产；间接利益相关者包括社区、社会团体、新闻媒体等，他们不与泰山旅游发生直接关系，但在一定程度上影响泰山旅游或者受泰山旅游的影响。

　　正确识别和界定遗产利益相关者，对于遗产的保护与利用十分重要。

借用弗里曼的经典定义，本书的"遗产利益相关者"指的是"任何影响遗产可持续发展或受到遗产可持续发展影响的个人或群体"。这里所指的可持续发展，既包括遗产的保护传承，也包括遗产的利用发展。本书根据已有文献资料，运用头脑风暴法，列出了21个开平碉楼世界文化遗产的利益相关者，邀请了32名专家对遗产利益相关者进行遴选，并对入选的利益相关者在遗产保护方面应负的责任进行评分。32名专家中有18名理论界专家，他们主要是从事旅游管理、城市规划、建筑设计与保护等方面的高校教师、专家；14名实践界的专家主要来自开平市旅游局、文物局、碉楼旅游发展有限公司、旅行社、新闻媒体的中高层管理人员。通过问卷处理分析发现，尽管理论界专家与实践界专家在评选结果上稍有不同，但从总体结果上看，绝大部分利益相关者的专家选择率都超过了80%（宗教团体除外），这说明开平碉楼遗产的利益相关者较广泛（表4-1）。

表4-1　遗产利益相关者界定的专家评分法统计结果

利益相关者	理论界专家评选结果（18名）		实践界专家评选结果（14名）		专家评选总体结果（共32名）	
	频数	入选率（%）	频数	入选率（%）	频数	入选率（%）
联合国教科文组织世界遗产委员会	17	94.4	11	78.6	28	87.5
中央政府	17	94.4	12	85.7	29	90.6
地方政府	18	100.0	14	100.0	32	100.0
文物局	18	100.0	13	92.9	31	96.9
旅游局	18	100.0	13	92.9	31	96.9
碉楼旅游发展有限公司	18	100.0	14	100.0	32	100.0
旅游企业	17	94.4	13	92.9	30	93.8
外来投资者	17	94.4	10	71.4	27	84.4
当地居民/社区	18	100.0	13	92.9	31	96.9
海外碉楼业主	18	100.0	14	100.0	32	100.0
国内碉楼业主	18	100.0	13	92.9	31	96.9

（续上表）

利益相关者	理论界专家评选结果（18 名）		实践界专家评选结果（14 名）		专家评选总体结果（共 32 名）	
	频数	入选率（%）	频数	入选率（%）	频数	入选率（%）
游客	18	100.0	10	71.4	28	87.5
教育机构	17	94.4	9	64.3	26	81.3
一般公众	16	88.9	11	78.6	27	84.4
媒体	17	94.4	10	71.4	27	84.4
宗教团体	15	83.3	8	57.1	23	71.9
旅游业从业人员	18	100.0	13	92.9	31	96.9
旅游相关行业的企业	16	88.9	14	100.0	30	93.8
旅游行业协会	17	94.4	10	71.4	27	84.4
非政府组织	17	94.4	9	64.3	26	81.3
人类后代	15	83.3	14	100.0	29	90.6

注：分类上有可能会重叠，如国内碉楼业主也可能属于当地居民，尽管如此，并不影响最终的分析结果。

问卷要求专家们选出最重要的五个利益相关者，并对其重要性进行排序。对排位第一至第五的选项分别赋值 10、7、5、2、1，由分值与总排名，得出专家评分的五个重要利益相关者排序（表 4-2）。结果显示，地方政府、碉楼旅游发展有限公司、文物局、当地居民/社区以及游客是专家们认为最重要的利益相关者，即开平碉楼的关键利益相关者。

表 4-2　重要的利益相关者排序

利益相关者	得分	排名	利益相关者	得分	排名
地方政府	261	1	媒体	14	11
碉楼旅游发展有限公司	138	2	旅游相关行业的企业	10	12
文物局	91	3	旅游企业	9	13
当地居民/社区	56	4	外来投资者	8	14

（续上表）

利益相关者	得分	排名	利益相关者	得分	排名
游客	55	5	旅游业从业人员	7	15
旅游局	40	6	旅游行业协会	4	16
联合国教科文组织世界遗产委员会	30	7	人类后代	2	17
中央政府	29	8	教育机构	1	18
国内碉楼业主	24	9	一般公众	1	18
海外碉楼业主	18	10	非政府组织	1	18

对于这些利益相关者在开平碉楼遗产保护上应承担的责任大小，专家评分的统计结果显示，排名第一的是碉楼旅游发展有限公司，其次是地方政府、文物局、旅游局、当地居民/社区、国内碉楼业主等（表4-3）。这样的结果与开平碉楼的关键利益相关者界定基本一致。地方政府是开平碉楼遗产的管理者，承担着遗产保护的重要责任。而文物局和旅游局作为遗产保护与开发利用的管理职能部门，相应的遗产保护职能也比较突出。当地社区居民、碉楼业主是碉楼遗产的主要继承者和传承人，他们在遗产地生活、生产，与遗产的关系最为紧密，保护工作与他们密切相关。其余的利益相关者，都或多或少地承担着不同的保护责任。

表4-3　利益相关者应承担遗产保护责任大小的专家评分

利益相关者	最小值	最大值	均值	标准差	责任排名
联合国教科文组织世界遗产委员会	3	7	5.09	2.220	11
中央政府	3	7	5.47	2.079	9
地方政府	4	7	6.69	0.693	2
文物局	6	7	6.69	1.256	2
旅游局	5	7	6.25	1.344	4
碉楼旅游发展有限公司	5	7	6.72	0.683	1
旅游企业	2	7	5.28	1.836	10
外来投资者	2	7	4.47	2.423	17

（续上表）

利益相关者	最小值	最大值	均值	标准差	责任排名
当地居民/社区	5	7	6.25	1.295	4
海外碉楼业主	3	7	5.69	1.176	7
国内碉楼业主	4	7	5.84	1.322	6
游客	3	7	4.94	2.199	13
教育机构	4	7	4.44	2.368	18
一般公众	3	7	4.00	1.934	19
媒体	3	7	4.69	2.278	15
宗教团体	1	5	2.44	1.865	21
旅游业从业人员	4	7	5.59	1.388	8
旅游相关行业的企业	2	7	5.00	1.741	12
旅游行业协会	2	7	4.53	2.272	16
非政府组织	2	6	3.78	2.136	20
人类后代	1	7	4.84	2.216	14

注：样本总数为32份。各利益相关者在遗产保护上应承担的责任大小从"责任非常大"到"几乎没有责任"共分为7个量度，对应的统计分值为7、6、5、4、3、2、1，数字越大，代表所承担的保护责任越大；数字越小，表示所承担的保护责任越小。责任排名根据均值大小顺序排列，排名越前，表示所承担的保护责任越大。

结合表4-2与表4-3可以看出，凡是与遗产关系越密切的利益相关者，其承担的保护责任越大；与遗产关系越松散、越疏远的利益相关者，其应承担的保护责任则相对越小。在对开平碉楼利益相关者的类型进行划分时需要考虑以下三个因素：一是利益相关者与遗产的关系紧密程度。这种关系可依据其法律关系、经济关系和道德关系的紧密程度来判断。不同利益相关者与碉楼遗产的关系有些是紧密的、直接的，有些则是松散的、间接的。如碉楼业主与碉楼遗产关系最为紧密，相比之下，宗教团体与之联系则较少。二是利益相关者的管理权力。各利益相关者对碉楼遗产的管理权力是不同的。某些利益相关者在碉楼遗产管理上具有较大的管理权力，而另一些则相对较小。如文物局是碉楼遗产的直接管理者，其往往拥有较大的管理权力，但一般公众，由于与碉楼遗产是间接的关系，在管理上并未拥有直接的管理权力，只有间接的监督管理权。三是利益相关者的遗产保护责任。不同利益相关者对碉楼遗产应负的保护责任有所不同。一般来说，与遗产关系较为紧密的保护责任相对大些，如地方政府、文物局、碉楼业主等应负的保护责任较大。根据遗产保护责任的大小和遗产管理权力的大小，可以将开平碉楼遗产利益相关者划分为四种类型（图4-2）。

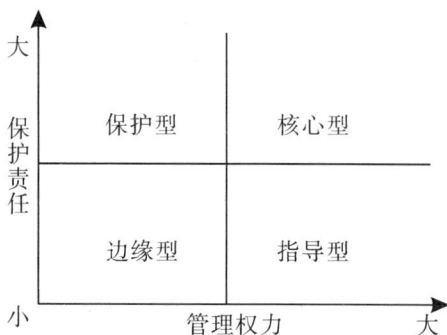

图4-2　开平碉楼遗产利益相关者划分

（1）核心型利益相关者。对开平碉楼遗产拥有较大的管理权力，同时也负有较大的保护责任，如地方政府、碉楼旅游发展有限公司、文物局、旅游局、碉楼业主（国内和海外）等。

（2）保护型利益相关者。对开平碉楼遗产管理的权力不大，但是保护责任却很大，如当地居民/社区、游客、旅游企业、旅游业从业人员、外来投资者、旅游行业协会、旅游相关行业的企业等。

（3）指导型利益相关者。对开平碉楼遗产拥有较大的管理权力，但实际上其保护责任是间接的，直接责任较小，在实践中起着管理指导作用，如联合国教科文组织世界遗产委员会、中央政府。

（4）边缘型利益相关者。对开平碉楼遗产拥有的管理权力和应承担的保护责任相对较小，属于间接的利益相关者，如一般公众、媒体、教育机构、宗教团体、非政府组织、人类后代等。

需要注意的是，以上利益相关者的划分是动态的，各类型的利益相关者会随着具体条件的改变而变化，各种类型之间是可以相互转化的。如保护型利益相关者随着权力的增大可能会转变为核心型利益相关者，而边缘型利益相关者，如非政府组织，若赋予其较大的保护责任，也可以转化为保护型利益相关者。

4.2　遗产利益相关者的利益诉求

各利益相关者有着各自不同的利益诉求，正确分析他们的利益需求，并尽可能地满足，将有助于平衡各利益相关者之间的利益关系，减少利益冲突，从而实现预定的目标。开平碉楼世界文化遗产有着众多的利益相关者，他们的利益诉求错综复杂，甚至交织在一起。本书综合运用文献法、田野调查法和深度访谈法，深入剖析不同利益相关者，尤其是关键利益相关者的利益诉求。

4.2.1　关键利益相关者的利益诉求

根据图4-2的分类，核心型和保护型的利益相关者承担着较大的遗产保护责任，他们是遗产保护的关键利益相关者，可将其归为政府、旅游企业、社区居民和游客四种基本类型。

1. 政府的利益诉求

"政府"包括了中央政府、当地政府以及遗产管理职能部门——旅游局和文物局。中央政府是我国遗产保护的最高权威管理机构，《世界遗产公约》强调"缔约国本国领土内的文化和自然遗产的确定、保护、保存、展出和遗传后代，主要是该国家的责任"，公约中明确指出了世界遗产保护与管理的主要责任人是中央政府。世界遗产资源是一种特殊的公共资源，它本质是一种公共产权（谢元鲁，2004），由于其具有突出的、普遍的价值，需要遗产国对其加以保护和传承。因此，中央政府主要强调世界遗产的合理保护与永续利用，以确保公共利益最大化。

在我国，遗产管理采用的是"属地管理"原则，即由遗产所在地政府进行管理。中央政府主要负责宏观上的指导，具体实施管理则由遗产所在地政府负责。这就意味着地方政府一方面对遗产拥有利用权利，但另一方面也要承担管理责任和保护义务。政府本应是公共利益的代表，没有自身的利益，但是公共选择理论认为，政府也是经济人，也有利益追求，他们可能通过"政治寻租""政治设租"等行为获得权力租金，追求政治利益和经济利益的最大化（郭华，2007）。在遗产管理与保护上，国家投入的资金总是捉襟见肘，迫使地方政府不得不想方设法获取遗产保护与管理的资金。平遥古城、丽江古城等遗产地发展的实践经验似乎在证明发展旅游业是提高当地经济收入、增加就业机会的有效途径。因此，如何加强遗产资源的旅游开发，推动地方经济的发展，就成为地方政府积极倡导世界遗产申报和保护遗产资源的直接动机。

郭华（2007）在对婺源县政府的利益要求实证研究中发现，改善当地的经济状况、提升当地的整体形象、增加就业机会、通过旅游业带动其他相关产业的发展、保护当地的自然和文化环境、丰富当地居民的乡镇文化生活等是当地政府所追求的利益。政府重点关注的是经济层面和政治层面的利益，却较少关注社区居民社会福利增进及自然文化环境保护等方面的问题。在开平碉楼遗产地，当地政府也寄希望于通过旅游业的开发，带动当地经济的发展，增加就业岗位，提高居民的生活水平。这与学者郭华对婺源县政府利益要求的分析基本一致。

开平市文物局和旅游局作为碉楼遗产的保护和开发利用的主要管理职能部门，承担着遗产的保护与开发重任。他们与当地政府的利益诉求基本一致，追求在保护的前提下，遗产的经济利益最大化，兼顾遗产的社会利益和环境利益。

2. 旅游企业的利益诉求

这里的旅游企业主要包括碉楼旅游发展有限公司、当地旅行社、酒店、外来投资者、旅游交通公司等。对于企业而言，他们的利益诉求最为直接，即追求经济利益的最大化。然而在企业社会责任、环境保护、可持续发展等理念的约束下，旅游企业逐渐重视企业在公众中的形象，通过一些活动设计体现企业的社会责任，以获得游客的青睐和社区的支持，从而获取高额的利润回报。开平碉楼世界文化遗产资源旅游开发的工作主要由开平碉楼旅游发展有限公司负责。在对该公司的高层管理人员进行访谈时，他们明确表示希望通过碉楼旅游开发，吸引更多的游客，从而为遗产保护提供资金保障，也为促进当地经济发展、改善居民生活水平尽一分力。在管理过程中，他们注意引导社区居民参与旅游开发，如允许遗产地居民摆摊设点，为游客提供餐饮和购物服务；同时，积极吸纳一部分居民参与遗产管理工作，从事景区管理或遗产维护、清洁卫生等工作。如立园中售卖当地土特产品和旅游纪念品的谢姨告诉笔者[①]：

---

① 访谈地点：立园小卖部；访谈对象：小卖部主人谢姨。

景区现在又多了一些摊位，村里有些人通过竞标拿下了这里的摊位，卖一些干货，游客喜欢这些。还有人负责打扫卫生，每个月也有几百元，很多人争呢！

调查中发现，村民对于该公司这样的举措都表示非常满意。通过利益分享，碉楼旅游发展有限公司在追求利润最大化的同时，也提升了公司的形象，赢得了当地居民的支持。

3. 社区居民的利益诉求

社区居民是指"生活在相同地理区域内并认为其属于同一个集体的一群人，其成员在血缘、宗教、政治派别或者社会阶层方面具有相同的属性"（宋瑞，2004）。社区居民是遗产保护与开发利用中最为关键的利益相关者。他们参与遗产资源保护与开发，可为遗产保护提供本地知识，促进遗产合理开发，但前提是他们的利益得到满足，因为利益是实现社区参与的重要驱动力。社区居民的利益要求一般体现为增加就业机会、提高经济收入、丰富文化生活、能够获得对当地旅游业发展的参与权和控制权等。

开平碉楼社区居民主要包括海内外的碉楼业主、遗产地及其周边的居民。开平是侨乡，这里很多居民全家都已移居海外，只剩下座座碉楼留守家乡。海外碉楼业主大多都希望这些碉楼遗产能够得到妥善的维护，待他们回国寻根问祖时，还能够见到这些碉楼或者住在碉楼里。访谈中，五邑大学谭金花老师告诉笔者[①]：

开平有不少海外碉楼业主因为出国较早，而且是全家移民，国内已经没有人在了。随着老一代人的去世，这些碉楼慢慢地被他们的后代遗忘，甚至有些人都不知道在家乡还有属于自己家族的碉楼。政府为了申遗，到海外去寻找碉楼业主或其后代，劝说他们将碉楼交由政府托管，由政府出资进行维修，代替他们管理碉楼。很多业主很高兴啊，所以就与开平市政府签订了委托书。……这些业主现在还经常回来，有的甚至是一家老少同时回来，而他们往返的机票、回来住宿参观等的费用都由政府来出。

---

① 访谈地点：开平市谭金花老师家里；访谈对象：五邑大学谭金花老师，曾任开平碉楼文化研究所所长，开平碉楼申遗主要负责人之一。

可见，保存回忆，保护好祖业，寻根问祖，这是海外碉楼业主的主要利益需求。

开平市政府提出的碉楼托管制也得到了国内碉楼业主的响应，一些业主将碉楼托付给政府管理。然而，也有一些业主选择自己维护管理。在调查中发现，已经托付给政府管理的碉楼为数不多，更多的碉楼仍处于无人维修管理的状态。除了无法找到碉楼主人外，一个深层次的原因是利益作用的结果。笔者在马降龙村落与一位不愿意透露姓名的碉楼业主后代的对话就能说明这个问题①。

笔者：你家有碉楼？现在还住在里面吗？

碉楼业主后代：我现在不住在碉楼了，小时候住在里面。现在谁还住在那里啊。

笔者：那碉楼就空置了？有没有想过给政府托管？

碉楼业主后代：我们不会给政府托管。现在是空着，我就是用来养鸡也不给政府托管。

笔者：为什么呢？

碉楼业主后代：那是我们的祖业，我们自己当然要好好看护啦！

笔者：真是这样吗？除此之外，还有没有其他原因？

碉楼业主后代：嘿嘿，和你说真的也不怕。托给政府管，他们拿去开发旅游，可以赚钱，而我们却什么也得不到。我要等这里条件改善之后，自己搞旅游……

可见，追求个人经济利益最大化才是国内碉楼业主的真实利益诉求。很多国内碉楼业主打着保护祖业的旗号，却在努力寻求经济利益的最大化。这在锦江里遗产地体现得更为突出。锦江里的瑞石楼有"开平第一楼"的美誉，楼主的后代有些已移民海外，但仍有个别留在了开平。留在国内的楼主后代拒绝将碉楼委托给政府，却利用其名气，自行收取参观门票，成为唯一一处私人收取门票的碉楼。门票价格从 10 元到 30 元不等，可与业主还价。在调研期间，笔者巧遇了楼主的孙女，当问她为何不愿意把碉楼给政府托管时，她这样告诉笔者：

---

① 访谈地点：马降龙景区管理处；访谈对象：马降龙景区内某碉楼业主的后代。

这是我爷爷留下来的，我们又在这里，并不是说没有人了，当然要自己管了……再说了，当年我爷爷也很辛苦啊……我们也不是富裕的人家，收取一些门票是要用来维修这个房子的①。

但事实上，据文物局相关人员介绍，文物局在申遗期间对瑞石楼进行了大规模的维修，维修费由文物局承担。之后，业主后代还不断要求文物局提供碉楼维护费，最后干脆自行收取门票，美其名曰利用门票收入对碉楼进行维护，但事实上碉楼的维修工作多由文物局承担。这是一个极端典型的例子，凸显一部分碉楼业主后代过多地关注碉楼的经济价值，欲将碉楼作为"摇钱树"，以满足他们的经济利益需求。

至于居住在遗产地内及其周边的居民，他们多以农耕或外出打工为生，其余居民则靠海外亲戚的资助生活。在调研中，很多居民都对他们拥有广东第一个世界文化遗产感到自豪。同时他们企盼生活能够得到改善，"能够在家门口打工生活，不至于要背井离乡，这样最好啦"！自力村的一位村民如是说。诸多旅游业发展提升当地经济效益的实例，让当地居民心生向往，对发展旅游业抱以极大的热情，尤其是在景区内的居民。自力村景区内做农家饭的方姨乐呵呵地说②：

我当然支持申遗啦！现在的交通比以前好多了，而且还有人帮忙打扫卫生，我家门前的路每天都有人清扫，很干净啊！我开个小店接待那些游客，还能挣些钱。你说我支不支持发展旅游业呢？

方姨的态度正是村里那些已从事旅游经营活动的村民的真实写照。调查结果显示，大部分受访居民（占90.6%）都支持开平碉楼申报世界遗产，且大部分人（占92.9%）对目前开平碉楼发展旅游业也是持支持的态度（图4-3和图4-4）。

对于开平碉楼成功申报世界遗产后所带来的影响，大部分受访者认为积极的影响胜过消极的影响。34.5%的受访者表示，申遗之后，当地的环境得到了极大的改善，尤其是交通基础设施等有了较大的改进。21.7%的人认为申遗之后"增强了居民的地方认同感和自豪感"，也有部分人

---

① 访谈地点：锦江里景区瑞石楼内；访谈对象：瑞石楼业主的孙女。
② 访谈地点：自力村某小店；访谈对象：小店业主方姨。

（18.4%）认为申遗成功给当地人增加了就业机会，增加了当地居民的收入（14%）。

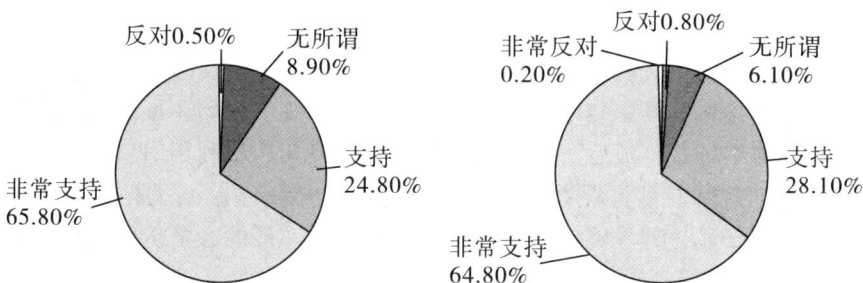

图 4-3　居民对开平碉楼申遗的态度　　图 4-4　居民对开平碉楼发展旅游业的态度

　　然而由于旅游开发程度不同、参与程度不一致使社区居民的利益分配不一，从而产生利益冲突，其冲突主要体现在三个方面：一是社区居民与旅游开发商之间的利益冲突，这既包括景区内居民与旅游开发商的利益冲突，也包括景区周边社区居民与旅游开发商的利益冲突。如自力村景区目前的门票是 60 元/人，村里的方姨说，开平碉楼旅游发展有限公司会从每张门票中提取 5 元给村大队，年底由村大队给村里居民分红，基本上每人一年能分到 1 000~2 000 元。虽然门票的提成与 2003—2005 年计提的 2~3 元有所增加，但是方姨表示"门票的补贴还是少了些，最好是每张 60 元的门票补贴给我们 10~15 元啊"！这样的说法，村里不少居民表示认同。尽管有些许不满，但是他们对于门票提成的做法持支持的态度，对既得利益较为满意。然而景区外的社区居民无权参与门票分红，对邻居的额外收入甚是羡慕，逐渐有了发展旅游业的心思，力图从中分一杯羹。如立园旁边的仓东村，希望借助立园主人谢维立家祠堂的资源开发旅游业，由村里收取门票。这一提议遭到了碉楼旅游发展有限公司的否决，但他们建议仓东村为游客提供餐饮、娱乐、住宿等服务，却引起了村民的不满。加之双方在土地征用方面存在着历史遗留问题，利益导致矛盾冲突不断升级，仓东村村民甚至到立园前示威闹事。其实，问题产生的根本原因在于，附近村民难以从立园旅游开发中获得直接的利益，他们的经济利益需求没有得到满足。因此，旅游开发商如何与社区居民分享利益，如何满足社区居民的利益需求是解决冲突的关键。

　　二是不同景区间社区居民的利益冲突。各景区由于资源禀赋、交通条件、服务接待设施等不同，对游客的吸引力会有所不同。开平碉楼旅游资源中，属立园和自力村碉楼群的开发条件最好，它们也是目前碉楼旅游发展有限公司重点主推的景区，接待的游客数量远比马降龙碉楼群、锦江里碉楼群以及三门里碉楼群要多。在调研中，不少马降龙和锦江里的村民都抱怨说，他们的门票收入分红不如自力村的多。由于客观条件造成的利益分配不均使得村民颇有怨言，甚至村与村之间的关系为此产生了一些隔膜。

三是同一社区内居民的利益冲突。许多研究表明，同一社区内的居民会因为利益分配的问题产生冲突，从而严重影响邻里之间的关系，使得原本和睦的邻里最终演变成"怒目相对"的竞争对手（柴寿升、龙春凤、常会丽，2012；梁冰瑜、彭华、翁时秀，2015）。在自力村景区内，一些村民向游客出售土特产品、提供农家饭，虽然目前数量并不是太多，但因相互售卖的商品基本相同，争抢客源的现象也时有出现。方姨告诉我们，村里曾经出现过为抢客源而相互争吵的现象，最终导致个别邻里关系紧张。幸而自力村目前仍处于旅游开发的初级阶段，这样的现象并不多见。在调研中，时常感受到的仍是村民之间暖暖的情谊与和谐的关系。村民之间利益冲突相对严重的当属锦江里村落。由于这里交通不便，游客相对较少。但由于瑞石楼的名气，仍然有游客选择到此参观。然而在早期，由于瑞石楼自行收取门票，村民无法从门票收入中获益，因此，村民与楼主后代的矛盾逐渐加深。一位村民坦言，他看不惯楼主后代们"霸占"了所有的利益，曾在村口自行设卡提前向游客收取瑞石楼的参观门票。游客到了瑞石楼后，又被要求购买门票，最终致使游客对瑞石楼产生怨气。该村民表示，他乐于看到游客减少，因为他得不到利益也不想让瑞石楼业主的后代"占便宜"。直到碉楼旅游发展有限公司对其所管辖的景区采取联票的方式，并给予村民一定分红，这一矛盾才逐渐缓解。虽然锦江里村民的门票分红比自力村和马降龙村落的都要少，但村民感到欣慰，毕竟聊胜于无。

社区居民的利益是最为复杂的，他们最在乎的是自身的经济利益，收入与就业是他们最关心的问题，其次才是遗产的保护、环境的改善、文化的发展与交流等。因此，如何寻求社区居民利益的平衡点，是管理者需要重点考虑的问题。

4. 游客的利益诉求

谢彦君（1998）认为，旅游本质上是一种主要以获得心理快感为目的的审美过程和自娱过程。人们离开常住地，到异国他乡旅游，是因为旅游能满足人的内心变化的需求和对新的经历的渴求，推动人们对新事物的探索。可以说，旅游就是一种体验的过程，它包括娱乐体验、审美体验、逃避体验、教育体验、刺激或生存体验。旅游者追求在旅游过程中食、住、行、游、购、娱等多方面令人愉悦的旅游体验。

旅游资源的独特性、差异性是对游客产生吸引力的根本所在。尽管旅游动机各不相同，但是游客的审美需求往往排在前列。开平碉楼游客调查的结果显示，受访游客中57.7%的人是第一次到开平碉楼旅游，42.3%的人则有两次以上的游览经历。过半（55.4%）的游客表示，开平碉楼"世界文化遗产"的称号对他们的吸引力较大，39.6%的人则认为称号的吸引力一般，也有少部分（5%）游客表示"世界文化遗产"的称号对他们而言吸引力并不大。

表4-4　开平碉楼游客的旅游动机

旅游动机	频数	反映值百分比（%）	观察值百分比（%）
远离城市喧嚣，放松心情	115	11.6	26.0
体验侨乡文化	169	17.1	38.1
欣赏田园风光	131	13.2	29.6
观看碉楼建筑	282	28.5	63.7
电影寻踪	84	8.5	19.0
科学考察	25	2.5	5.6
探亲访友	34	3.4	7.7
艺术采风	49	5.0	11.1
摄影	45	4.6	10.2
商务、会议	19	1.9	4.3
其他	36	3.6	8.1
合计	989	100.0	223.4

注：1个缺失值，443个有效值。

从表4-4可知，开平碉楼游客的旅游动机排名前三位的分别是"观看碉楼建筑""体验侨乡文化""欣赏田园风光"，过半（63.7%）的游客表示到此地旅游的目的是为了观看东西合璧的碉楼建筑。由此可见，开平的碉楼建筑、侨乡文化以及田园风光对游客的吸引力最强。

游客注重旅游体验中的真实性，包括旅游目的地景观、民俗习惯等的原真性。游客是一种当代的朝圣者，到远离自己日常生活的别的"时代"和别的"地方"寻求真实性。他们希望见到"去人工化"的景观，体验到旅游目的地原汁原味的生活。然而不少目的地急功近利地开发，严重破坏了当地的旅游资源和文化环境。事实证明，人工化、商业化痕迹过于浓重的目的地最终将被旅游者抛弃。

旅游是一种综合性的活动，涵盖了食、住、行、游、购、娱六个环节，游客们通常都希望这六个环节的产品、服务、价格等方面令其满意。调查结果显示，多数（71.2%）受访游客对开平碉楼的旅游体验表示满意，28.2%的人认为一般，只有极少部分（0.6%）的受访者表示不满意。当问及游客的重游意愿时，过半（64.4%）的受访游客表示愿意再次重游，30.9%的受访游客重游意愿一般，4.7%的受访者表示不愿意。尽管如此，绝大多数（90.1%）受访游客都表示愿意向其他人推荐开平碉楼，8.1%的人推荐意愿一般，而仅有1.8%的人表示不愿意向其他人推荐。可见，游客对开平碉楼旅游较为满意，有着较高的重游意愿和推荐意愿。然而在访谈中，不少游客对于不能体验在碉楼中住宿都表示非常遗憾，此外，也有游客抱怨景区缺乏休息设施，旅游纪念品缺乏特色等。

综上所述，对于游客而言，景观的独特性与真实性、文化的差异性、活动的新颖性是他们的主要利益诉求，游客需要较高质量的、令人愉悦的旅游体验。

4.2.2 其他利益相关者的利益诉求

除了关键利益相关者的利益诉求需要充分考虑之外，也不能忽视其他利益相关者的需求。表4-5列出了开平碉楼其他利益相关者的主要利益诉求。

表4-5 开平碉楼其他利益相关者的主要利益诉求

利益相关者	主要利益诉求
联合国教科文组织世界遗产委员会	遴选具有突出的、普遍价值的事物列入《世界遗产名录》；让全世界认识开平碉楼文化遗产，了解遗产的价值；促进全人类，尤其是遗产地加强遗产宣传教育，自觉保护遗产等

（续上表）

利益相关者	主要利益诉求
媒体	真实报道遗产保护与开发利用的情况；通过宣传让更多的人关注遗产，保护遗产等
非政府组织	能够参与遗产管理的相关工作；监督政府遗产管理相关活动；促进社会关注遗产等
旅游行业协会	为遗产地各旅游企业提供服务，为旅游企业的发展争取更多的政策、资金、人力资源等方面的支持；制定行业规范，协调企业间的关系等
旅游业从业人员	获得更高的经济收入；有升职的空间；工作条件和工作环境得以改善；有进修的机会等
旅游相关行业的企业	利用旅游业，寻求本企业的经济利益最大化
教育机构	通过遗产宣传教育，让遗产深入人心；追求一定程度的经济利益等
一般公众	认识与欣赏遗产，到遗产地参观；保护好遗产，传承给子孙后代
宗教团体	在遗产地宣传宗教教义；倡导宗教界人士保护和传承遗产
人类后代	享有继承遗产的权利，遗产不会被上一代享用殆尽

本章小结

　　本章在文献回顾的基础上，将"遗产利益相关者"界定为"任何影响遗产可持续发展或受到遗产可持续发展影响的个人或群体"。运用头脑风暴法、专家访谈与评分法，确定了开平碉楼遗产的利益相关者。根据遗产保护责任的大小和遗产管理权力的大小，将开平碉楼遗产利益相关者划分为核心型、保护型、指导型和边缘型四种类型，并强调随着具体条件的改变，各种类型之间可以相互转化。书中详细分析了开平碉楼遗产关键利益相关者——政府、旅游企业、社区居民和游客的利益诉求，描述了其他利益相关者的利益需求，为后续研究奠定基础。

公众参与遗产保护的动力与阻力

公众参与遗产保护是多种因素共同作用的结果，既会受到来自内外部因素的推动，也会遭遇各种因素的阻碍。只有充分了解各种因素对于公众参与所起的作用，才能有效地促进与激励公众参与行为，提升公众参与的有效性。本章将在分析遗产保护公众参与应然与实然的基础上，深入剖析公众参与遗产保护的动力与阻力，为后续构建激励机制奠定理论基础。

5.1　公众参与遗产保护的必要性与重要性

遗产保护离不开公众的共同努力，公众应该参与遗产保护，原因主要体现在公众参与遗产保护的必要性和重要性上。

5.1.1　遗产根植于公众之中，公众参与保护能够促进遗产的可持续发展

遗产与公众的生活息息相关，尤其是文化遗产，根植和产生于公众的社会生活之中，是大家集体记忆的体现。我国拥有丰富的文化遗产，这些遗产蕴含着中华民族特有的精神价值、思维方式、想象力，具有较高的历史价值、审美/艺术价值、科学价值和社会价值，体现着中华民族的生命力和创造力，是各民族智慧的结晶，也是全人类文明的瑰宝。公众对这些遗产最为熟悉，也最有发言权，在保护与管理上需要倾听他们的意见与建议。公众参与遗产保护是公民基本的文化权利之一，而且遗产公共资源的特殊属性凸显了公众参与遗产保护的必要性。引导公众积极参与遗产保护，有利于提高遗产地居民的地方认同感，促进其自觉保护遗产。实践证明，遗产保护是全民的共同事业，只有公众意识到遗产的价值，并积极参与遗产保护工作，才能让遗产得以可持续发展，实现代代相传。

5.1.2　我国遗产的保护现状使公众参与成为必要

目前，我国各类遗产的保护情况不容乐观：自然灾害，大规模公共或私人工程的威胁，土地利用的变更或易主造成的破坏，城市化或旅游业迅速发展造成的消极影响，管理不当，保护资金匮乏等原因使得遗产面临着极大的威胁。我国的遗产资源十分丰富，然而用于保护的经费却常常捉襟

见肘，出现"僧多粥少"的情况，这对于遗产的保护十分不利。自上而下的遗产保护方式，容易造成专家和相关人员为遗产保护奔走不迭，却难以获得公众的认可与理解的困境。因此，必须广泛发动群众积极参与遗产保护工作。自下而上的保护可取得"众人拾柴火焰高"的效果，有利于遗产的日常维护与可持续发展。

5.1.3　公众参与有助于提高公民意识，提高政府决策质量及决策的接受度

实践证明，当人们积极投身于社会公共事务时，他们的主人翁责任感会进一步加强。公众参与遗产保护，不仅可以增强人们的责任意识和权利意识，还有助于他们"公共精神"的培养，提高人们对公共事务的关注度。遗产保护是一项系统工程，需要相应的人力、物力、财力以及科学技术的支持。政府在作出与遗产保护有关的决策时，政府人员由于受到知识、能力、信息等因素的制约，难以作出一个完善的决策，这就需要广泛吸纳专业人士、社区居民等公众群体参与。因为公众来自各行各业，尤其是遗产地居民，对遗产了解颇深，他们分散在不同的领域，有着不同的利益，也具有不同的技术与能力。他们为政府决策出谋划策有利于弥补政府人员的缺陷，避免出现失误或决策质量不高的情况。此外，由于公众参与决策的制定过程，对决策有一定的了解，也有助于决策的顺利实施，提高决策的可接受度。

5.1.4　公众参与有助于监督政府行为，提高政府依法行政的法治水平

有些时候，仅靠政府主管部门的力量难以抵御地方政府的违规。而公众参与则有助于监督政府行为，规避地方政府和企业的违规行为。如2009至2010年的梁林故居保卫战的"战绩"是将故居认定为不可移动的文物，本应依法保护，然而，在2012年初，民间文保人士发现原计划恢复原貌的故居已被华润集团富恒房地产开发公司拆除。在民间文保人士的呼吁、媒体的宣传报道以及公众的广泛关注下，政府不得不再次作出有利于梁林故居保护的决定，责令富恒房地产开发公司恢复所拆除旧居建筑的原状。

公共选择理论告诉我们，政府官员也是经济人，他们不一定都会努力实现公共利益最大化，有时他们也可能为了自身的利益而作出有损于公共利益的事。在遗产保护的具体实践中，由于政府各部门间的力量博弈，政

府也可能出现"失灵"的情况。治理理论鼓励公众积极参与，就是为了避免出现"政府失灵"现象。公众广泛参与遗产保护，不仅可有力支持政府的工作，还可监督政府的违规行为，对政府处置遗产的不当行为发挥公众监督作用，这在一定程度上也会间接提高政府依法执政的法治水平，从而提高公共事务的治理水平。

5.2　梦想照进现实：应然与实然的现实差距

5.2.1　公众参与遗产保护的应然

公众参与遗产保护既是重要的，又是必需的，这已是不争的事实。从理论上讲，应正确引导，广泛发动广大群体积极参与遗产保护，遵循"信息公开、鼓励参与、利益认同、保障权利、奖惩分明"的基本原则。

"信息公开"即要求遗产有关信息应保证公开、透明，避免信息不对称。可通过各种渠道，如入户宣传、电视、报纸、通告、网络等，让广大群众了解遗产的保护状态，以便公众行使监督权。"鼓励参与"是通过各种形式支持鼓励，广泛发动公众参与遗产保护。要求给公众指出明确的参与渠道、参与方式和参与程序等，并将其制度化。"利益认同"即承认遗产有着众多的利益相关者，他们各自有着不同的利益诉求。人们往往会在利益驱动下，倾向于采取有利于利益获得的行为。受传统文化的影响，长期以来人们多强调"义"和"奉献"，对于个人私利则往往认为是"上不了台面"的，要捂着、遮着。然而事实上，认同各种利益，并尽可能地满足各利益相关者的利益诉求，将有助于保障参与者的利益，并能够激励其更好地参与保护。"保障权利"是指保障公众拥有知情权、参与权、表达权以及监督权。要求通过制度建设，切实保障公众所拥有的各项权利，避免出现有责无权、权利虚设的情况。"奖惩分明"即要求对积极参与遗产保护，并在保护遗产过程中作出巨大贡献的个人或群体，应给予一定的物质或精神奖励，以激励并维持这种行为；而对那些破坏遗产的行为，则要严厉打击，依法惩办，避免该种行为的再次出现。

5.2.2　公众参与遗产保护的实然

梦想总是美好的，而现实往往是残酷的。梦想与现实之间的鸿沟就有如公众参与应然与实然之间的差距。尽管我国制定的与遗产相关的法律法规或管理文件中明确提到"鼓励公众广泛参与"，但现实却是公众参与严重不足，"搭便车"现象尤为突出。人们在心理上通常将遗产保护视为政府应承担的责任，并有意将自己与之撇清关系，心安理得地认为一定会有人负责遗产保护工作，自己不必、不能也不应该参与其中。遗产的公共资源属性，使得在无约束或激励机制的情况下，"搭便车"的人越来越多。在开平调研期间，很少有普通公众会视遗产保护为己任，他们大多都一致认为应由政府来保护遗产。而有意愿参与的人则表示："我们怎么参加？我都不知道！"公众参与缺乏各种制度保障，到目前为止，许多公共事务都未有一套完善的公众参与程序与制度，致使公众无法有效参与。

至今，我国公众参与的形式较单一，多采用通知、告示、通告或听证会等。然而目前所盛行的听证会也存在诸多问题。一是谁参与的问题。听证会的代表如何选出？他们是否能够代表广大民意？这些问题并未得到很好解决。一些听证会往往流于形式，甚至参加的代表也曾出现过"暗箱操作"，人为控制，使得真正的民意难以表达。二是如何处理听证会上不同意见的问题。对于听证会上所提出的不同意见，管理方往往很少作出解释，通常将"少数服从多数"作为最终决定的借口，使得人们逐渐对听证会这一民主工具失去了信心。公众参与不足，形式单一，无效参与，缺乏制度保障等已成为遗产保护工作中的巨大现实障碍。

要鼓励公众积极参与遗产保护，就必须采取措施不断缩小应然与实然之间的差距，让实然逐渐向应然靠拢，最终出现全民共同参与遗产保护的良好局面。

5.3　开平碉楼公众参与保护的现状

自从 2007 年开平碉楼与村落成为广东第一个世界文化遗产之后，人们对开平碉楼的关注度日益提高。随着旅游业的发展，在开平拍摄的影片

（如拥有高票房的《让子弹飞》）、电视剧等的播出，开平碉楼的知名度大大提高了。与此同时，碉楼遗产的保护工作却愈发艰巨了。成为世界文化遗产，意味着中国政府和开平地方政府必须履行遗产保护的职责，让碉楼遗产能够得到较好的保护并传承给我们的子孙后代。

　　开平碉楼游客调查的结果显示，多数游客（65.8%）认为碉楼遗产保护状况较好，30.4%的游客则认为保护状况一般，1.8%的受访者表示不清楚，仅有极少部分（2%）游客认为保护状况差。这说明碉楼目前的保护状况较好，得到了大多数来访者的认可。然而，开平现有碉楼1 833座，分布在众多的村落中。政府对碉楼分五级管理，由于财力有限，保护的重点只是已列入世界遗产名录中的碉楼，而其余上千座碉楼中不少碉楼面临着年久失修，濒临坍塌的境地。因此，碉楼遗产的保护工作亟须公众的积极参与。实际上，公众在碉楼遗产保护上已采取了相应的行动，如表5-1所示。

表5-1　开平碉楼公众参与的对象与内容

事件	参与者	参与内容
立园、开元塔、南楼、赤坎古镇等的开发	专家	实地调查，制定规划
编制《开平碉楼文化遗产保护规划》（2001年），《开平碉楼与村落保护规划（2012—2030）》	北京大学世界遗产研究中心、城市规划设计中心专家	编制保护规划
	碉楼申报点的镇、村委会、村民小组的负责人	听取北京大学世界遗产研究中心专家的开平碉楼保护规划论证会
	著名专家、学者	对保护规划进行论证
营造文化遗产保护舆论氛围	各大媒体	对开平碉楼与村落申遗工作进行广泛宣传
开平碉楼遗产的研究	专家、学者及业余爱好者	出版了《开平文物志》《老房子·开平碉楼与民居》《碉楼沧桑》等书籍及《千碉王国》《开平碉楼》等画册；硕士、博士论文的相关研究；在正式的期刊上发表相关的论文

（续上表）

事件	参与者	参与内容
碉楼保护	当地社区居民	一些地方自发成立了文物保护队
		村民参与卫生管理；成为碉楼维护员
	碉楼业主	一些碉楼业主将碉楼委托政府管理；逸农楼楼主方秀儒主动承担维修工程资金并设立家族维修保护基金
遗产教育	景区管理者和员工、当地村民	邀请香港理工大学有关专家给管理者和当地村民授课，传授遗产保护知识
	当地村民	接受开平碉楼与村落历史文化和保护管理知识培训
	公众	参加仓东村的遗产教育活动
《村规乡约》的制定	当地村民	村民们通过宣传资料以及选举代表参会等形式参与《村规乡约》的制定
碉楼旅游开发	专家	编制《开平碉楼与村落旅游管理规划》和《开平市旅游发展总体规划（2014—2020）》
	当地村民	参与特色经营，销售当地的农副产品，开设农家饭庄
		参与景区门票收入分成

根据访谈以及实地调研的结果来看，公众参与开平碉楼遗产保护主要呈现以下特点：

5.3.1 政府主导遗产保护工作，引导公众积极参与

广东省政府非常重视开平碉楼这一省内第一个世界文化遗产，为了保护碉楼遗产，2002 年以省长令的形式颁布并实施了《广东省开平碉楼保护管理规定》（简称《规定》），这是全国第一个以省长令的形式颁布的专项文物保护法规。2007 年开平市又以市长令的形式颁布了重新修订的《广东省开平碉楼保护管理规定》。这次修订，政府将征求意见稿分发到四个文化遗产申报点的各村民小组中，召集了部分重点村民代表进行座谈，广泛

征求和收集村民的意见。2008 年开平市政府出台了《开平碉楼与村落世界文化遗产地保护管理暂行办法》（简称《办法》），对遗产地的规划与建设、保护与管理、开发利用以及奖励与处罚均作出相关规定。《规定》与《办法》的出台，对碉楼各利益相关者的责任与义务进行了明确的规定，使得碉楼遗产保护有法可依。在政府的主导下，遗产保护工作有条不紊地展开。如开平市人大正式通过，确定每年的 6 月为"开平碉楼保护月"，以强化市民的依法保护意识。碉楼遗产保护中的一个关键问题就是产权关系较复杂。开平很多碉楼属于私人财产，如何处理好产权关系对于碉楼遗产保护而言至关重要。开平市政府在文物管理模式上首创了碉楼私人产业委托政府管理的模式，即保证碉楼产权不变、物权不变，与海外的碉楼业主签订委托协议，委托政府代为管理，并由政府出资承担碉楼维修和保护，政府托管期限为 50 年。目前，已有 37 座碉楼委托政府代为管理。在旅游开发方面，2006 年编制了《开平碉楼与村落旅游管理规划》；2010 年成立了开平碉楼旅游发展有限公司，专门负责旅游开发工作；2015 年邀请有关专家编制的《开平市旅游发展总体规划（2014—2020）》通过专家评审。

在实践中，政府积极引导各方力量参与遗产保护工作。2002 年的《规定》就明确指出"开平碉楼所在地的村民委员会可以建立群众性的保护组织，对碉楼进行保护""任何单位和个人都有保护开平碉楼的义务""鼓励多渠道筹措开平碉楼保护经费""任何单位和个人都可以向开平市文化行政管理部门提出开平碉楼保护、修缮和保养的建议，可以检举、揭发和制止违反文物保护法规的行为"，用法规的形式明确赋予公众参与遗产保护的权利。申遗之后颁布的《开平碉楼与村落世界文化遗产地保护管理暂行办法》重申了"一切机关、组织和个人都有保护遗产地的权利和义务"，并"鼓励国内外组织、个人按照国家有关规定参与遗产地的保护"。

据开平市相关部门统计，尽管中国文物保护基金会开平碉楼与村落专项基金提供了 5 000 万元保护经费，但是碉楼维修保护经费总计需 2.8 亿元，仍有 2.3 亿元的资金缺口。为了积极调动社会各界力量参与碉楼的保护与管理，开平市创新了碉楼托管模式，推行碉楼认养办法，即对开平碉楼世界遗产地缓冲区的 188 座碉楼采取认养的办法，通过租赁的形式，给予投资发展的企业（单位）或个人享受碉楼使用权，希望以此解决碉楼保护资金短缺和可供开放碉楼数量较少的难题。根据相关规定，经碉楼所有者同意后，认养者可以认养碉楼 10 年到 30 年不等，认养者负责提供碉楼的养护管理资金，但具体资金则需要根据碉楼的具体情况和认养年限而定。截至 2014 年，由 16 家企业和个人认养的 23 座碉楼，认养资金总额 403 万元已全部到位，且已经基本完成维修工作，维修质量较好（徐丹丹，2016）。碉楼认养办法是希望通过民间出资对碉楼进行保护和开发利用，其最终目的在于保护好碉楼。这一系列的举措，将公众纳入遗产保护的主体中，为公众参与遗产保护提供了良好的政策环境。

5.3.2　当地社区居民逐渐主动参与碉楼遗产保护工作

随着开平碉楼宣传的推广以及旅游业的发展，开平碉楼被越来越多的人认识。当地居民对碉楼遗产的认知也逐渐发生了变化。张朝枝等学者（2009）在对开平碉楼社区居民对遗产价值认知变迁的研究中发现：遗产申报前当地社区居民对碉楼的外观以及曾经的功能有所了解，但是对碉楼的价值则是"完全漠视"；遗产申报初期，社区居民的碉楼价值观处于矛盾状态，他们不再认可碉楼以前的实用功能，但是部分居民已经意识到碉楼的经济价值；遗产申报进行中时，社区居民体会到了申遗带来的实在好处，对碉楼的经济价值有了新的认识，对碉楼的文化遗产价值有了初步感知，居民对碉楼的认同感开始增强；遗产申报成功前后，"碉楼价值带来的经济利益触手可得"，居民意识到碉楼是个直接的经济收入来源。可以说，"遗产申报推动了当地社区居民对遗产价值的重新认知"，使他们对碉楼遗产有更深的认同感和自豪感，因此，他们逐渐有意识地、主动地参与到碉楼遗产保护中来。

对当地居民调研的结果显示，超过半数的受访者（53.1%）认为当地居民参与遗产保护程度高，38.9% 的人认为参与程度一般，仅有 4.4% 的人认为参与程度低，3.5% 的受访者表示不清楚居民参与保护的情况。五邑大学碉楼保护专家，同时也是开平碉楼申遗主要负责人之一的谭金花老师说，"村民们原来不知道碉楼有多大的价值，但是他们至少不会去破坏碉楼"。这说明大家对于碉楼保护基本上形成了统一的意见。四个遗产地的村民讨论制定了《村规乡约》，对社区居民的行为进行规范。碉楼所处的世界遗产缓冲地带的 4 个镇、62 个自然村都有专职和兼职的碉楼保护员（刘修兵，2010）。此外，在有关部门的引导下，村民逐渐参与到旅游开发活动中。凡是身体健康，年龄在 60 岁以下的当地村民，均可报名参与一些工作，如碉楼看护员、景区清洁工等。据开平碉楼旅游发展有限公司周洽强副总介绍，自力村、立园超过 70% 的基层工作人员都是本地村民及附近的居民。景区内的村民利用得天独厚的优势，售卖一些土特产品，做农家饭。有新闻报道，自力村在申遗之前每人月收入仅有 100 多元，2008 年升至 1 700 元（肖欢欢，2010），到 2016 年底，收入又有了大幅的提升。

可见，当地居民的遗产保护意识逐渐提升，并通过参与旅游开发、到景区工作等形式切实参与遗产保护。

5.3.3　媒体、非政府组织、学者等其他利益相关者的参与推动了保护工作的开展

许多媒体，如电视、报纸、杂志、电台等通过各种形式宣传开平碉楼遗产，让更多的人认识遗产，了解遗产的价值，关注遗产的保护情况，客观上推动了碉楼保护工作的开展。

开平鲜见保护碉楼的非政府组织，在与五邑大学的谭金花老师访谈中获悉，由她倡导发起了一个名为"碉楼之友"的团体，成员由热爱碉楼、有志于欣赏与保护碉楼的人组成。这个团体是一个松散型的组织，严格意义上讲，并不算是非政府组织，但是该团体经常通过举办讲座、讨论、参观等活动，宣传开平碉楼的文化价值，让成员更好地了解碉楼，在一定程度上促进了碉楼遗产的保护。

2011 年夏，谭金花老师带领热心遗产保护的各界人士在仓东村实施了"开平碉楼保育与发展项目——仓东教育基地项目"，对仓东村的祠堂、庙宇和碉楼等建筑进行修复及社区营造，鼓励当地居民保存当地文化、延续传统生活方式。该项目获得了仓东村华侨后代谢天佑先生和遗产爱好者邓华先生的理解与经济支持（谭金花，2015）。2014 年仓东教育基地尝试运营，至今举办了多次中小学生遗产知识培训活动，接待了来自海内外的大学生工作坊，大大增强了当地村民的自豪感以及对遗产的归属感和认同感。该项目于 2016 年获得了联合国教科文组织颁发的"文化遗产保护奖"。此举不仅有力地保护了文化遗产，对于文化遗产保育知识的宣传起到了良好的效果，还极大促进了公众参与遗产保护活动。

此外，有关开平碉楼的研究成果日渐增多，学者们主要从碉楼的历史价值、建筑形式与特色、遗产保护、旅游开发等角度进行研究。在碉楼成为世界文化遗产之前，研究的重点在于碉楼价值的认知、碉楼的建筑特色以及碉楼的保护等方面。程建军（2007）所著《开平碉楼——中西合璧的侨乡文化景观》一书详细描述了碉楼的发展历史及建筑特色。此外《碉楼沧桑》《老房子·开平碉楼与民居》《赤坎古镇》等书籍对开平碉楼的历史价值、建筑特色等方面均有描述。在保护方面，申秀英等（2006）、陈

耀华等（2013）、谭金花（2015）、刘小蓓和高伟（2016）、张万胜（2016）在碉楼的保护与利用方面进行了深入的研究。此外，遗产旅游开发成为众多学者关注的焦点。罗玉蓉等（2008）、梁江川和周志红（2009）、梁江川和张伟强（2009）、敖景辉（2013）的研究涉及了碉楼旅游产品开发与营销等方面，王纯阳和黄福才（2013）探索了遗产地旅游开发模式形成机理，阴劼等（2015）探索了开平碉楼与村落的最佳观景线路，为遗产管理和保护提供了新的思路。也有学者强调碉楼的保护与开发要并重（林丹彤、卢伟亮，2010），还有一些学者从社会学的角度进行研究，如张朝枝和邓曾（2009）根据不同阶段农民土地意识的变迁，指出开平碉楼在旅游发展过程中需要妥善处理土地问题。学者们的研究工作和取得的研究成果对于碉楼的保护起到了一定的理论指导作用。

5.3.4　游客的行为间接促进了碉楼遗产的保护

开平碉楼的游客对于碉楼遗产的保护作用可从两方面分析。一方面，游客的到来，能更直观地了解碉楼遗产的价值，这有助于世界文化遗产的宣传与推广。在调研期间，当问及游客是否会参与碉楼遗产的保护活动时，一些游客表示他们的到来本身就是一种参与保护的行为，因为所付的门票费用部分会用于遗产保护中，此外，他们的口碑宣传会让更多人认识碉楼遗产。客观地说，游客的参观游览行为确实间接促进了碉楼遗产的保护，不论他们是有意识的还是无意识的。另一方面，游客到遗产地旅游，是为了获得良好的旅游体验。他们希望遗产旅游地能提供优质的食、住、行、游、购、娱服务。若要完全满足游客的需求，则有可能以牺牲遗产为代价，这就与"旅游开发是为了更好地保护遗产"的初衷背道而驰了。游客是遗产地的匆匆过客，对于遗产地的感情并不是非常深厚，因此，他们并不热衷于参与遗产保护。游客的不文明行为会对碉楼遗产造成一定的破坏。如一些游客不听从碉楼管护人员的指挥蜂拥到碉楼内部参观，使得碉楼接待人数超出其环境承载力；一些摄影爱好者为追求照片效果在碉楼外放烟幕弹；部分游客乱扔垃圾等。因此，应辩证地看待游客的参与作用，正确引导其行为，使游客能够约束自身行为，积极参与碉楼遗产保护活动。

5.3.5　公众参与依旧不足，现有参与多为浅层参与

虽然在碉楼保护过程中，公众参与发挥了一定的积极作用，但是，碉

楼遗产保护公众参与的程度仍处于较低层次,当地社区居民的参与仍停留在表面阶段,其他利益相关者参与也严重不足。表5-2显示了当地居民及游客愿意参与的碉楼保护活动。调查结果显示,虽然某些活动有些差别,但是居民与游客的意见基本一致。除了极少部分的受访者表示不愿意参加遗产保护活动外,绝大多数受访者都愿意参加一些遗产保护活动。在当地居民与游客愿意参与有关开平碉楼遗产保护的活动中,排在前三位的都是"呼吁大家保护开平碉楼""宣传开平碉楼的突出价值"以及"问卷调查"。但这些活动往往很难去验证人们是否真正参与了,且参与的效果也很难评估,这样的参与仅仅是"浅度参与",参与的层次较低。也有部分受访者愿意参与碉楼的日常维护,遗产保护教育或培训,将遗产破坏情况报告给有关部门、参与有关碉楼遗产的听证会、咨询会和座谈会。这部分受访者有一定的参与意识,也有一定的参与行为,是一种"中度参与"。从调查结果来看,当地居民中这部分人比游客略多些。至于愿意实质性地深度参与遗产保护活动,如碉楼旅游规划与开发、遗产保护政策与法规的制定等的人数相对较少,尤其是愿意监督碉楼保护执行情况的人更少。总体来看,随着参与程度的加深,愿意参与的人数呈减少的趋势,说明公众参与开平碉楼遗产保护仍停留在象征性参与阶段,要达到实质性的深度参与阶段还需要各方不断努力。

表5-2   当地居民及游客愿意参与的保护活动的统计

保护活动	当地居民			游客		
	频数	反映值百分比(%)	观察值百分比(%)	频数	反映值百分比(%)	观察值百分比(%)
将遗产破坏情况报告给遗产管理部门	166	7.8	27.5	104	8.5	23.5
与开平碉楼有关的听证会	155	7.3	25.7	67	5.5	15.1
宣传开平碉楼的突出价值	265	12.4	43.9	163	13.3	36.8
遗产保护教育或培训	186	8.7	30.8	97	7.9	21.9

（续上表）

保护活动	当地居民			游客		
	频数	反映值百分比（%）	观察值百分比（%）	频数	反映值百分比（%）	观察值百分比（%）
呼吁大家保护开平碉楼	315	14.8	52.2	190	15.5	42.9
开平碉楼的日常维护	207	9.7	34.3	107	8.8	24.2
与遗产相关的咨询会、座谈会	125	5.9	20.7	56	4.6	12.6
问卷调查	237	11.1	39.2	161	13.2	36.3
遗产保护政策法规的制定	129	6.1	21.4	63	5.2	14.2
碉楼旅游规划与开发	199	9.3	32.9	123	10.1	27.8
监督碉楼保护的执行情况	114	5.3	18.9	69	5.6	15.6
所有活动皆不愿参与	33	1.6	5.5	22	1.8	5.0
合计	2 131	100.0	353	1 222	100.0	275.9

注：游客有效数为443，1个缺失值；当地居民有效数为604。

对于上述活动，受访游客认为在公众参与遗产保护实践中最有效的三项是"开平碉楼的日常维护"（36.9%）、"宣传开平碉楼的突出价值"（34.9%）和"呼吁大家保护开平碉楼"（34.3%）。受访居民的回答与游客一致，只是排序上稍有不同，即"呼吁大家保护开平碉楼"（40%）、"宣传开平碉楼的突出价值"（34%）、"开平碉楼的日常维护"（33%）。研究发现，浅度参与的活动在受访者看来是在实践中最有效的，而深度参与的活动有效性却排在了后面。这可以有两种解释。一种解释，在受访者看来，保护意识的觉醒与提高对于遗产的保护而言确实是最有效的。另一种解释，受访者后面所作出的遗产保护有效活动的选择之所以要与他们愿意参与的活动相一致，是为了避免认知失调。心理学上的认知失调理论告诉我们，当个体在同一时间有着两种相互矛盾的想法时，会产生一种不舒服、不愉快的紧张状态和情绪。为了改变这样的状态，人们往往会改变原已存在心里的想法或信仰，以便让认知冲突的程度降到最低。因此，在实践中有效的活动与受访者愿意参与的活动基本一致并不奇怪。

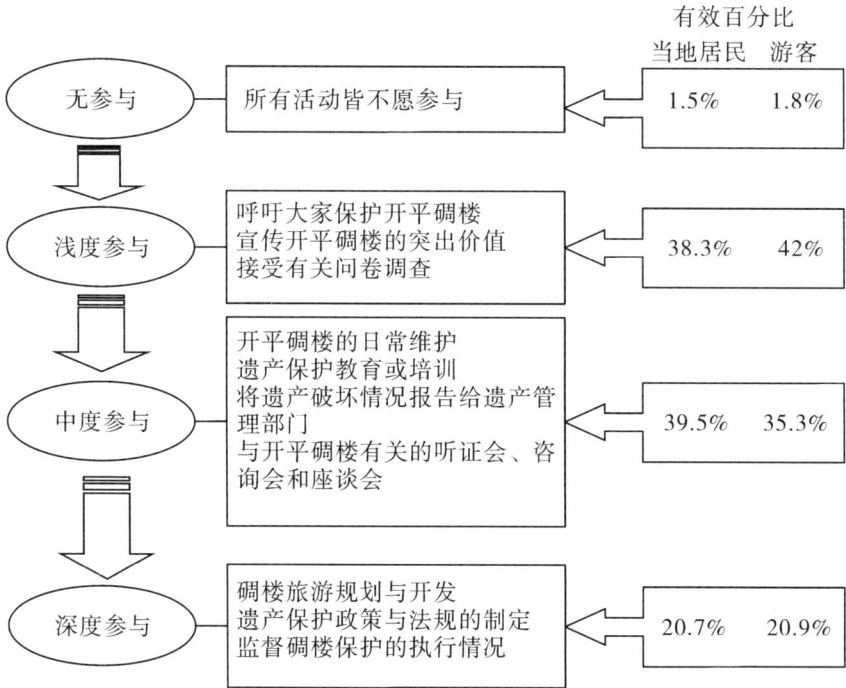

有效百分比
当地居民　游客

		当地居民	游客
无参与	所有活动皆不愿参与	1.5%	1.8%
浅度参与	呼吁大家保护开平碉楼 宣传开平碉楼的突出价值 接受有关问卷调查	38.3%	42%
中度参与	开平碉楼的日常维护 遗产保护教育或培训 将遗产破坏情况报告给遗产管理部门 与开平碉楼有关的听证会、咨询会和座谈会	39.5%	35.3%
深度参与	碉楼旅游规划与开发 遗产保护政策与法规的制定 监督碉楼保护的执行情况	20.7%	20.9%

图 5-1　受访者愿意参与遗产保护活动的程度

综上可知，开平碉楼保护公众参与仍然严重不足，现有的参与多为象征性的浅度参与。要改善这样的情况，有待政府部门、社会组织以及公众的共同努力，促进公众参与的积极和深入。

5.4 公众参与遗产保护的动力

5.4.1 遗产保护公众参与的内在动力

1. 利益驱动

马克思指出："人们所奋斗的一切，都与他们的利益有关。"① 人们总是在不断地追求各种利益以满足他们的多种需求。如开平碉楼遗产涉及较多的利益相关者，他们各自有着不同的利益诉求：当地政府希望保护好遗产，并充分发挥遗产的经济价值和社会文化价值；旅游企业期望利用遗产获得最大的经济利润；碉楼业主关心祖宗产业能否保留下来；当地居民寄希望于碉楼遗产能为其提供更多的就业机会，增加他们的经济收入，改善生活环境；游客想在开平碉楼参观游览时获得良好的旅游体验；其他公众则希望碉楼能够很好地保存下来，以便自己以及后代都能够看到。尽管每个人的利益诉求各不相同，却有一个相同点，即寻求利益的满足，获得最大化的利益。而要实现利益，就必须保护好碉楼遗产，一旦遗产遭到破坏，利益将不复存在。因此，在各自追求利益驱动之下，人们可能会采取不同的方式对碉楼遗产进行保护。可以说，公众参与遗产保护的直接驱动力在于利益。

2. 社会责任

遗产能将历史、现在以及未来紧密地联系在一起，它是一个国家、一个民族的"集体记忆"，有助于增加族群认同与归属感。人类需要遗产，"一方面，人们需要与场所、时间保持联系，以便地理地、历史地定位目前的生活，而遗产则具有提供时间感、空间感的特质，在此意义上，遗产使人之为人；另一方面，遗产有助于人们的社会化定位，它使个体与社区、国家捆绑在一起，让局内人、局外人都意识到某种族群身份的区隔，

---

① 中共中央马克思恩格斯列宁斯大林著作编译局. 马克思恩格斯全集：第 1 卷［M］. 北京：人民出版社，1995：82.

促成族群形象的'自识'与'他识'。"① 将这些"集体记忆"完好保存并传承给下一代是当代人的历史使命和社会责任。越来越多的人已意识到这一社会责任，也正是这样的社会责任，驱使人们欣赏遗产，尊重遗产，关注遗产，并自觉地采取行动参与到遗产保护中。

3. 价值认同感

价值认同感是指公众对受保护遗产的价值认知、赞同以及愿意为之奋斗的程度。一般来说，对遗产的价值认知越清楚，就越理解保护的必要性和重要性；对遗产的价值认同感越强，就越易产生骄傲感和自豪感。尤其是遗产地的居民，他们对遗产的价值越了解，就越容易产生地方认同感和自豪感，从而在行为上倾向于参与遗产保护。在调研中，不少当地居民都很骄傲地告诉我们，他们拥有广东第一个世界文化遗产，并表示他们会好好地保护这些碉楼遗产。

4. 公众主体意识的觉醒与民主意识的增强

随着我国经济的迅速发展、政治体制改革的深入、人们收入的日益增加以及受教育程度的提高，公众的主体意识和权利意识逐渐觉醒，意识到自身是国家的主体，有权利参加公共事务的管理，对政府权力运行、决策监督的需求日益增加。我国公民的民主观念和法制意识逐渐增强，听证会、民主测评、公推直选等形式日渐被公众熟悉并加以利用。主体意识的觉醒与民主意识的增强，驱使更多的人参与到遗产保护之中，人们开始利用各种民主的工具，运用法律武器进行遗产保护活动。如广州市政府在对恩宁路旧城实施更新改造之初，"从提出更新议题到方案讨论与制定，一直由政府执行并进行封闭式操作，整个过程都将居民、公众等相关主体排斥在规划决策之外"，其结果导致居民与政府矛盾突出，更新进展不顺利。最终，在媒体、专家、民间组织介入以及居民争辩的压力下，规划方案数易其稿，大量本应拆除的建筑得以保留下来。广州恩宁路旧城更新事件充分体现了公众参与的作用及其重要性。

5.4.2 遗产保护公众参与的外在动力

1. 公民社会的培育与发展

17 至 18 世纪上半叶，公民社会理论在西方形成并流行，之后开始沉寂，到了 20 世纪 80 年代再次兴起，90 年代进一步流行开来。亚里士多

---

① 赵红梅. 论遗产的价值［J］. 东南文化，2011（5）：30 - 36.

德、卢梭、马克思、葛兰西、托克维尔都曾对公民社会进行过描述，对于"公民社会"的概念内涵，学者们有着不同的理解。一般可将其归纳为作为自由秩序的公民社会、作为治理主体之一的公民社会以及作为国家制衡力量的公民社会，目前作为治理主体之一的公民社会成为学者们关注的焦点。"公民社会"由所有介于家庭和国家之间的非商业组织、网络和协会组成，它包括许多不同种类的非政府组织、工会、宗教团体、大学、商业联盟和独立媒体。公民社会通常是地方政府的补充，国家独有的权利和法律保障是包容性公民社会的前提条件。公民社会的关键特质主要包括非政府性、非营利性和志愿性。公民社会在国家公共治理中起着重要的作用：公民社会可以加强民主，有效分割和制衡国家权力，有效遏制公共权力的专断倾向；可为公民的利益表达提供多样化的表现形式和途径，保护公民利益表达的通畅；可以促进以信任与合作为基础的社会资本的形成，培养公民性；能够填补国家治理的空白（李昕，2008）。

我国的公民社会正在逐渐形成，并不断地得到培育与发展。非政府组织、民间团体组织的发展与壮大促进了我国公民社会的发展。公民社会鼓励更多的普通大众在公共事务方面发出草根声音与能量，公众的公民意识得以加强，分散的个人力量因公民社会组织得以凝聚，公民社会的崛起将积极推动公众参与遗产保护的活动。

2. 大众媒体的导引

大众媒体起着重要的舆论导引与监督作用。遗产保护离不开媒体的宣传、导引与监督。一方面，遗产的重要价值需要媒体的大力宣传，让更多的人认识遗产，了解遗产，从而欣赏并尊重遗产；另一方面，媒体对于有关遗产保护与传承方面的决策和行为起着舆论监督的作用。在梁林故居保护案例中，媒体的宣传与监督作用显得格外突出。新华社记者，同时也是著名的北京老城保护专家王军先生率先在博客上发出保护故居的呼吁，得到了《新京报》的回应。此后《人民日报》《光明日报》《中国青年报》等主流媒体不断跟进，追踪报道，表明保留故居的态度。而《北京日报》《北京晚报》则发表了与上述媒体观点截然相反的文章。媒体间的争论使得公众的关注度更高。新浪网等各大门户网站、论坛也刊发了相关报道与评论，并展开了网络的民意调查（何慕人，2010）。由于大众媒体的舆论导引和监督，梁林故居的保护逐渐成为公众关注的焦点，从而迫使相关部门最终作出保护故居，避免拆迁的决定。

3. 社会信息技术的发展

目前我国的互联网技术、通信技术迅猛发展，使得人们之间的信息交流、沟通日渐及时和顺畅。网络、博客、微博、微信、QQ、手机等逐渐成为人们沟通和交流的重要平台，人们可以利用这些平台及时获取资讯、自由表达意见和要求，这就极大地满足了公众的知情权和参与权，这些通信手段的运用，有利于遗产保护从专业精英参与逐渐走向全民参与，能够让更多的人了解遗产、关心遗产和保护遗产。

5.5　公众参与遗产保护的阻力

已有研究文献表明，公众参与遗产保护会受到政治、经济、文化以及个人因素的阻碍。开平调研的结果显示，影响公众参与碉楼遗产保护最主要的原因是缺乏公众参与的制度保障（图 5 – 2）。在访谈中，居民和游客都表示他们不知道可以通过何种方式参与保护，也没有一些激励他们参与保护的措施，更没有相关的法律制度明确保障他们能够参与遗产保护。而"政府对公众意见重视不够"和"遗产相关信息公开力度不够"也是影响公众积极参与的两个主要因素。在调查中，受访者表示他们不知道碉楼保护的状况，管理部门没有公开相关的信息，而且大多数人都很无奈地表示，即使他们提意见也没有用，因为政府和管理部门不会采纳他们的意见。马降龙村一位 40 多岁的村民说："我们参与有用吗？我们是老百姓，没有权，没有势，谁会听我们的意见？"可见，政府和遗产管理部门对公众意见的处理方式，会极大地影响公众参与保护的积极性。此外，公众缺乏遗产保护的能力和公民意识也是影响公众参与的原因。调研期间，有不少受访者表示："保护工作都是政府部门的事情，与我没有关系嘛！"也有受访者认为，自己没有专业能力去做保护工作。至于保护活动与公众的时间安排有冲突则不是最主要的影响因素，尽管一些受访者表示由于工作时间忙，无法参与保护活动。

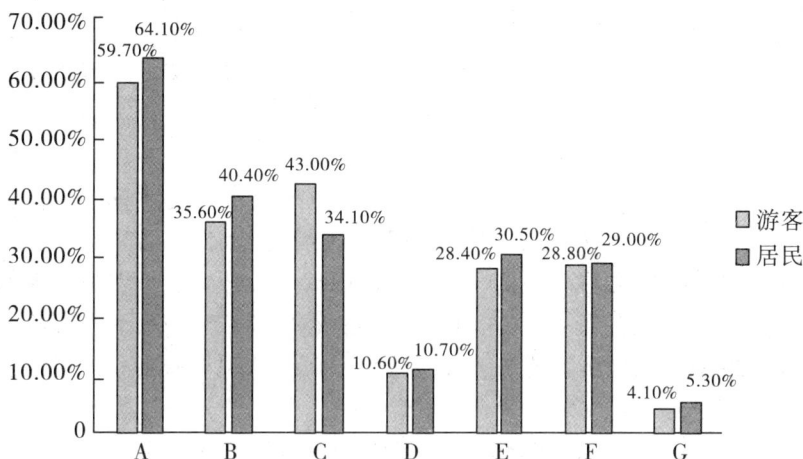

图 5 - 2 影响公众参与遗产保护的原因

注：A 代表缺乏公众参与的制度保障；B 代表政府对公众意见重视不够；C 代表遗产相关信息公开力度不够；D 代表与公众的时间安排有冲突；E 代表公众缺乏遗产保护的能力；F 代表公众缺乏公民意识；G 代表其他。

根据问卷调查结果，结合专家、居民、游客的访谈意见，公众参与遗产保护的阻力主要表现为以下几个方面：

5.5.1 公民意识缺乏

公民在法律上是指具有一国国籍，并根据该国法律规定享有权利和承担义务的人。从政治意义上讲，公民是指参与政治生活和公共权力运作的具有理性、平等、自由等含义的人（熊淑媛，2005）。所谓公民意识，是指"公民对自身在国家和社会中的政治地位和法律地位、应享有的权利和应履行的义务的一种自我认识，以及对这些权利和义务实现方式的理解"（王卓、吴迪，2010）。公民意识一般由主体意识、权利意识以及责任意识所构成。主体意识即公民对自己在国家中主人身份的认同和感知，认识到自己是国家的主体；权利意识即公民意识到自己拥有一定的权利，包括参政权、自由权、平等权等；责任意识即公民认可自己对国家应尽的义务及应承担的责任。公民意识的核心是权利意识。

在调研中发现，无论是基层管理者，还是村民、游客，都普遍存在公民意识缺乏的问题。不少受访者都表示自己无权对遗产保护提出意见或建议，更无权监督遗产保护政策的执行情况。开平碉楼景区内一位基层管理者在接受访谈时，明确表示不希望访谈的内容被领导知道，因害怕真实的言论会给自己带来一些不必要的麻烦。一位碉楼业主的后代亲戚拒绝我们访谈的理由是："我说了也是白说，我没有权力，都是政府管的，我们提意见也没有用！"大多数村民和游客都持相同的观点。畏惧权威，权利意识淡薄是目前我国大多数人的共性。这与我国的传统文化有一定的关系。由孔子创立的儒家思想宣扬君尊臣卑，提倡权力崇拜，这一思想对人们的影响极为深远。老百姓习惯对权威表示服从和尊敬，对于不平等现象的反应通常是默默忍受或漠然视之。人们往往习惯听从领导的指令，很少提出意见，即使有意见，也只是在心里想想而已，并不公开表达出来。在"各人自扫门前雪，莫管他人瓦上霜"的传统文化和观念影响下，人们对于参与遗产保护的热情并不高。

人们的公民意识薄弱，公民精神缺失，多数人没有意识到保护遗产也是公民的一项基本的文化权利，大家往往只关心关乎自己切身利益的事情，对公共事务则较为淡漠，这是阻碍公众参与遗产保护的深层次原因。

5.5.2　遗产保护责任意识淡薄

责任意识是人们的一种自觉意识，它能够促使人们将责任转化到行动中去。人们能够清楚地知道什么是责任，并能认真、自觉地履行社会职责和参加社会活动。遗产，尤其是世界遗产，具有突出的普遍价值，被视为全人类共同的财富，应获得人们的赞赏、尊重和保护。可以说，保护遗产，人人有责。世界遗产所在地的人们肩负的保护责任更为重大。然而，调研中发现，即使是遗产地的村民，大多也都不认为自己应承担遗产保护的责任，反而公认遗产的保护工作应由政府和相关主管单位负责，与他们无关。这一方面与政府部门长期掌控了遗产保护工作有关，另一方面，公众的遗产保护责任意识淡薄已是不争的事实。开平碉楼当地居民虽然能够以身作则，不破坏文化遗产，但是他们普遍认为保护文化遗产的责任在于政府和遗产管理机构。在他们的观念中，自己没有太多的责任和义务去保护文化遗产。调查结果显示，超过半数（54.6%）的人只愿意参与一些较简单的保护活动，如宣传遗产价值、呼吁大家保护遗产等。遗产保护责任意识的淡薄影响了公众参与的积极性，降低了公众参与遗产保护的有效性。

5.5.3　遗产价值认知不清，缺乏遗产保护的宣传教育

文化、自然遗产往往具有较高的历史价值、艺术价值、科学价值、教育价值，是一个国家、民族、地区宝贵的"集体记忆"。通常，人们会视稀有的、价值性较高的东西为珍宝，并趋于妥善保管，而对那些普通的、常见的事物熟视无睹，忽视它们的价值。只有对遗产的价值认知深刻、准确，才能促发人们保护行为的产生。开平碉楼遗产地的居民对碉楼的价值认知逐渐从"破旧的、无人居住的房子"演变为"重要的文化遗产"（张朝枝、游旺，2009），然而，并非人人都有这样清楚的认知。在三门里村落，由于该处碉楼数量不多，旅游资源吸引力不大，游客较少，因而村民获得的旅游经济利益较少。他们对碉楼的认知仍是"破烂的房子""没有什么价值"，甚至有村民说"还不如拆掉算了"。随着时光的流逝，碉楼遗产原有人文、自然环境的变化，村民与碉楼遗产之间的关系日渐疏远，加之缺乏有效的遗产保护宣传教育，碉楼遗产的文化价值并未为公众广泛认识，从而影响了公众参与遗产保护的积极性。

5.5.4　各利益相关者不同的利益需求与利益冲突

保护的最强驱动力在于利益。不同利益相关者有着各自不同的利益需求，在利益需求得到满足的时候，人们会直接或间接地参与到遗产保护之中。如自力村的村民向游客销售当地的土特产品，开设农家饭庄接待游客，或成为景区的工作人员，这部分村民享受到碉楼遗产所带来的直接经济利益，因此，对保护文化遗产持积极的态度，他们自觉地承担了部分遗产保护责任。

然而，在满足各相关群体利益需求的同时，不可避免地会产生利益冲突。如"开平第一碉楼"瑞石楼所在的锦江里村落，因村民与楼主后代产生利益冲突，村民将碉楼保护视为碉楼业主个人的事务，对遗产保护的热情并不高。此外，随着碉楼旅游的发展和收益的增长，政府与碉楼业主、当地居民的收益分配问题会日益突出。据称，在碉楼门票利益分配上，40%左右的碉楼门票收入主要用于设立维修基金，遗产地村民可分得门票的20%，碉楼的日常开发管理成本约占30%，而剩余10%则用于碉楼海外业主回乡参观碉楼的接待费用。目前遗产地村民能从遗产景区门票收入中获得一定的补贴，但他们对此仍抱怨颇多，主张要提高门票分红比例。一般来说，人们往往会自觉地衡量参与的成本与收益。若参与的收益大于

成本，他们会趋于参与保护；反之，若参与保护的成本大于收益，他们通常会选择放弃参与或消极参与。遗产的各利益相关者参与保护活动，其实是一个利益博弈的过程。当地居民与政府之间、社区居民之间、居民与游客之间不断进行着利益博弈。博弈过程中出现的利益冲突成为阻碍公众参与遗产保护的重要因素之一。

5.5.5　参与能力欠缺

调查结果显示，将近过半（49.2%）的受访者认为自己没有文化遗产保护的相关知识与技术；48%的人明确表示自己没有能力保护遗产。访谈中，不少居民和游客都表示文化遗产保护应主要由专家来指导与实施。对于管理部门而言，一些遗产保护决策与保护活动，需要参与者具有一定的素质和能力。但是，公众的专业素养难以承担遗产保护工作，这往往成为政府管理部门阻止公众参与的原因。开平碉楼当地居民多为村民，受教育程度有限，大多村民缺乏遗产保护的专业知识，使得他们只能参与较为简单的保护活动，如卫生清洁、碉楼看守等工作，而一些重大决策则较难参与。公众只有具备一定的能力，才能有效参与遗产保护，真正做到深度参与。

5.5.6　缺乏有效的公众参与机制

我国目前并没有立法规定遗产保护相关决策应有公众参与，参与程序的缺失使得公众往往被排斥在决策之外。在调查中，询问开平碉楼社区居民是否有人就遗产保护的相关问题征求过他们的意见，大多数人都表示很少或几乎没有。只有一些村干部表示曾作为村民代表参加过一些座谈会。受访者表示，他们的意见有"被代表"的嫌疑。村民们获取信息的渠道多是通过张贴的公告或告示，但具体内容与情况往往比较模糊。当问及是否愿意参与遗产保护工作时，仅有30%的居民表示愿意，但他们同时也表示不知道如何参与。虽然我国在1956年颁布的《关于在农业生产建设中保护文物的通知》中就已提出要"加强领导和宣传，使保护文物成为广泛的群众性工作"，但事实上，保护文化遗产工作仍是由政府相关部门和专家主导，老百姓缺乏知情权和参与权。目前对于公众如何参与遗产保护仍未作出一个适当的制度安排。52.6%的受访者认为影响他们参与文化遗产保护的主要原因是缺乏相关的制度与参与机制保障，如保护参与机制、意见表达机制、信息公开制度、意见反馈机制等。尽管我国颁布的相关法规鼓励公众积极参与遗产保护，可是参与的主体并未界定清楚，对于参与的途径、方式也未具体化、制度化，公众即便有参与的积极性，一般也摸不着参与的门路。体制障碍、公平公正的参与制度与程序的缺失、缺乏对参与人员的参与激励与保障等严重影响了公众参与遗产保护的积极性与有效性。

5.5.7　公民社会组织力量薄弱

个人的力量是有限的，在实践中很难对遗产保护产生实质性的作用，因此，需要将个人力量整合起来，使个人参与组织化。然而，在我国，非政府组织、民间团体的发展受到很多条件的限制，政府放权的力度不够，公民权利意识不足，公民社会组织发育迟缓、力量薄弱，他们所发出的声音和提出的呼吁与建议往往被忽视。此外，公民社会组织本应是独立的第三方力量，但是在我国，不少公民社会组织往往成为政府的变相代表，难以反映真正的民意。我国公民社会组织先天不足，后天又缺乏营养，致使公众在参与遗产保护时往往显得势单力薄。

5.5.8　相关管理部门对公众参与的消极态度

管理机构的态度是决定公众参与效率与效果的关键因素。若管理机构能够认真对待，并支持公众的参与行为，公众将产生更为积极的参与行动；反之，若管理机构消极对待公众参与，公众的参与行为则逐渐减少。

在实践中，相关管理部门常常忽视公众参与的作用，对公众参与开放不足。正是由于相关管理部门的消极态度，许多受访者都无奈地表示，"提意见没有用，管理部门根本不会听我们老百姓的意见"。其实，管理部门是否采纳公众意见，并不是公众参与效果的唯一标准。但是公众所提的意见需要得到决策部门的尊重。决策部门需要对公众的意见和建议作出及时的反馈，若无法采纳，应作出相应的说明和解释。遗憾的是，目前相关管理部门很少对公众的意见作出反馈。缺乏及时的信息反馈，往往会挫伤公众参与的积极性，令公众产生失望情绪，这一点将在下面详细阐述。

5.5.9　失望

"失望"在汉语词典中的解释是"希望未实现而不愉快""丧失信心；希望没能实现"。其实，失望是人们内心的一种体验，一种主观感受，源于愉悦的行动预期和实际经验之间的差距。应然和实然之间的差距可能成为失望的根源。即应该得到而实际上没有得到，应该实现某种目标而实际上没有实现，会产生失望。美国学者赫希曼（Hirschman）（2008）另辟蹊径，引入"失望"概念解释了人们从"私人关注—公共参与—私人关注"的循环，提出了失望理论。他通过公众在私人领域的失望和公共领域的失望，解释了从私人关注到公共参与又回到私人关注的循环过程。赫希曼认为，对一系列行动具有失望经验的个人会转向另一系列的行动，消费者对于不满会有两种反应，一种是退出，另一种则是提出呼吁，并因而致力于完全不同的行动，从私人抱怨到为了一般利益的公共行动。比如如果消费者发现自己购买的商品不安全，并且这是该产品的共同特征，那么就会涉及公众利益，很可能作出公共呼吁反应。然而，当人们投身于公共事务中，却发现需要过度承担义务，参与公共事务会占用太多的时间时，人们会开始打"退堂鼓"。结果是，人们将会感到，在许多情况下，他不必过多地投身公共领域，并且无情地削减那些义务是恰当的。

赫希曼的失望理论可以用来解释公众参与遗产保护不足的原因。当人们发现遗产非常重要而又面临着濒临破坏的境地时，一些责任意识强的民众会主动参与到遗产保护活动中。如贵州省黎平县地坪乡的风雨桥在2004年遭受了百年一遇的洪水袭击，许多构件被冲走，当地上百名群众自发跃入洪水抢捞风雨桥构件。经过三天三夜的努力，从贵州打捞到广西，抢救回来73%以上的风雨桥构件，最终风雨桥得以重建。开平碉楼遗产也有不少专家学者对其特别关注，如五邑大学的张国雄教授、谭金花副教授等，他们对碉楼的历史文化、建筑特色等方面进行了较为深入细致的研究，为碉楼申遗作出了巨大的贡献。赤坎古镇一位70多岁的李老师告诉我们，尽管他已经退休了，但是他热爱碉楼，所以目前正在编写有关碉楼的诗集，准备出版，目的是让更多的人了解碉楼。事实上，民间并不缺乏热心于遗产保护的人士。然而，更多的时候，这些民间力量常常感到的是深深的失望。访谈中，不少居民都表示他们现在已经不愿意对碉楼的保护提太多的意见或建议了，因为即使提建议，结果也是"石沉大海"。"没用"，这是在调研中最常听到的一个词。管理当局对公众参与的消极态度，延时反馈或零反馈，使得公众参与的信心遭到打击。如果这样的状态不改变，会有越来越多的公众对遗产保护事务持淡漠的态度。

5.6　公众参与遗产保护的"动力—阻力"模型

　　综上所述，公众参与遗产保护会受到动力和阻力两种力量的影响（如图5－3所示）。内在动力和外在动力对公众参与遗产保护起到积极的正面影响，而阻力则阻碍着公众参与遗产保护活动。外在动力的增大能促进内在的动力增强，阻力会影响动力发生作用。反过来，动力的壮大将会减少阻力作用。动力与阻力两种力量互相作用，相互博弈。若内在动力与外在动力的合力大于阻力，则能促进公众参与遗产保护；反之，若阻力大于动力，则会阻碍遗产保护的公众参与行为。

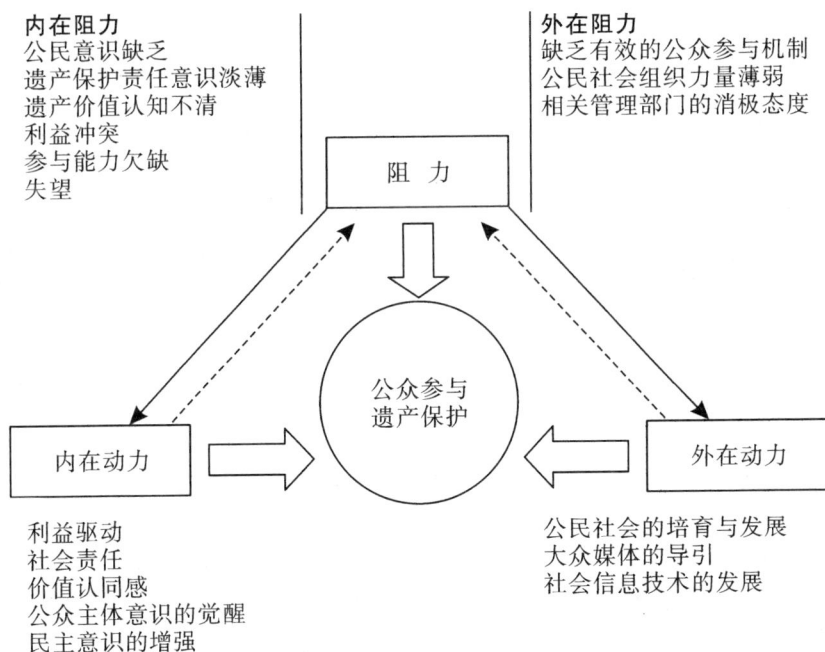

内在阻力
公民意识缺乏
遗产保护责任意识淡薄
遗产价值认知不清
利益冲突
参与能力欠缺
失望

外在阻力
缺乏有效的公众参与机制
公民社会组织力量薄弱
相关管理部门的消极态度

阻　力

公众参与
遗产保护

内在动力

外在动力

利益驱动
社会责任
价值认同感
公众主体意识的觉醒
民主意识的增强

公民社会的培育与发展
大众媒体的导引
社会信息技术的发展

图5－3　公众参与遗产保护的"动力—阻力"模型

本章小结

　　遗产保护需要公众的参与，然而公众参与遗产保护的状况却不尽如人意。本章以公众参与遗产保护的应然与实然分析为背景，深入剖析了公众参与遗产保护的动力与阻力，指出公众参与遗产保护的内在动力主要来自利益驱动、社会责任、价值认同感、公众主体意识的觉醒和民主意识的增强；外在动力包括公民社会的培育与发展、大众媒体的导引及社会信息技术的发展。内外动力共同构成了公众参与的驱动力，促使公众可能或积极参与遗产保护。内在阻力和外在阻力的共同作用，成为阻碍公众参与遗产保护的主要原因。内在阻力主要包括公民意识缺乏、遗产保护责任意识淡薄、遗产价值认知不清、利益冲突、公众参与能力欠缺以及公众的失望；外在阻力主要体现为缺乏有效的公众参与机制、公民社会组织力量薄弱、相关管理部门对公众参与的消极态度。动力、阻力这两种力量互相作用，相互博弈。若内在动力与外在动力的合力大于阻力，则能促进公众参与遗产保护；反之，若阻力大于动力，则会阻碍遗产保护的公众参与行为。

个人因素对参与遗产保护影响的实证研究

公众参与遗产保护会受到各种因素的影响，在本书的第 5 章中已经对公众参与遗产保护的动力与阻力进行了分析。这些影响因素可以分为个人因素、社会因素和环境因素。本章将着重研究个人因素，包括年龄、性别、文化程度、权利意识、责任意识、遗产认知、参与能力等对公众参与行为倾向的影响。

6.1   研究假设的提出

6.1.1   遗产认知与参与保护之间的关系

心理学研究指出，人们对事物的认知会影响他们的行为。薛风平和王义（2008）运用结构方程模型分析发现，人们的政治认知水平对于人们参与社区政治行为有着重要的影响，居民政治认知水平越高，则参与社区政治越积极。本书的遗产认知是指对遗产的历史文化价值、科学价值、美学价值等的认识与理解程度。有研究显示，人们对遗产的认知与态度会直接影响遗产的保护和发展（刘翠，2010）。世界遗产地的评定可以提高当地居民对他们居住地的兴趣（Orbasli etal.，2000），增强当地居民对他们本土文化的骄傲感与自豪感（Evans，2000；Shackley，1998），从而使得居民最终对遗产采取相应的保护行为。文献显示，对遗产认知越清晰，越深刻，则参与保护的倾向就越强烈。因此，本书提出假设：

H1：遗产认知对参与保护有显著的直接影响。

6.1.2   权利意识与参与保护之间的关系

权利意识，是公民意识的一个重要组成部分。公民意识是一个抽象的概念，它是依附在公民身上，而表现在日常行为与社会行为中的态度和方式，包含对公民含义的基本认知，对所处社会政治环境的看法，以及作出积极建设性的实践（萧扬基，2000）。可以说，公民意识是以权利、义务和资格为基础，在特定时空背景下所产生的意识，这种意识可主导人们对政治或公共事务的行为表现。权利意识是公民意识的核心，是指公民能够清楚地意识到自己拥有一定的权利，包括平等权、财产权、自由权、受益权、监督权和参政权等。就遗产保护而言，权利意识具体指的是人们意识到自己被赋予一定的权利以了解、参与以及监督遗产的管理与保护。有研究表明，公民意识与公民参与行为有着显著正相关关系，公民意识越高，越有助于公民的积极参与（游欣仪，1992）。已有的文献显示，公众权利意识的增长和公民个体权利的落实，将有助于人们积极参与遗产保护工作（游欣仪，1992；熊淑媛，2005）。因此，提出假设：

H2：权利意识对参与保护有显著的直接影响。

6.1.3　遗产责任意识与参与保护之间的关系

责任意识，一般指公民对自己作为主人而应对国家所尽的基本义务的认可与担当，反映的是一种公民的自觉意识（熊淑媛，2005）。卢梭较早提出了责任参与的概念，认为公民在行使权利的同时对他们的国家要承担相应的责任和义务，而"这种参与是衡量公民爱国心的标尺"。[①]　有学者指出，政治义务感是决定公民政治参与的重要因素。义务感是指行为主体认为自己的政治行为是履行某种政治义务，有这种义务感的人便会有内在动力投身政治活动（柳建文，2005）。遗产承载着人们美好的感情，是当代人联系历史以及未来的重要纽带。可以说，保护好遗产是我们的历史责任与使命。尤其是世界遗产，它不仅仅属于遗产所在国，更是全人类共同拥有的宝贵财富，保护好遗产要求人们具有将保护遗产、传承遗产为己任的责任意识。当人们具有一定的遗产责任意识时，就会自觉地在行为上倾向于保护这些遗产。因此，提出假设：

H3：遗产责任意识对参与保护有显著的直接影响。

6.1.4　公众参与能力与参与保护之间的关系

培养社会成员的公民参与能力，是公民参与成功的重要前提之一。公民参与须具备采集与运用资讯的能力、民主参与的能力和社会行动的能力，这样的公民才能优先参与公共事务的决策与执行（萧扬基，1989）。李东兴（2003）指出，知识水平是影响公民政治参与状况的重要因素，知识差距使得政治行为主体呈现出政治参与冷漠或政治参与积极两种截然不同的状态。有调查显示，那些积极参与政治的人往往是文化程度比较高的

---

① 宋文生．近代西欧民族主义与中国晚清民族主义比较浅析［J］．湖北社会科学，2003（6）：19.

人（Bishop et al.，1978）。阿尔蒙德和维巴的一项研究成果表明，教育程度即知识的多少与参政的状况成正比（李东兴，2003）。公众的参与能力除了文化素质外，还包括是否拥有参与的时间、是否具有专业的技术能力等。如陈少君（2007）的研究发现时间（而非经济）才是真正造成公众无法参与社区志愿服务的关键因素。基于此，本书提出假设：

H4：公众参与能力对参与保护有显著的直接影响。

6.1.5　遗产认知与权利意识、遗产责任意识、公众参与能力

当人们对遗产价值认知越深时，他们就愈能理解遗产保护的重要性，遗产责任意识也会随之提高。在开平自力村调查时，不少村民都表示，政府组织相关人员给他们上课之后，他们开始意识到碉楼具有重要的价值。现在很多村民的碉楼保护责任意识得到了显著提高。当人们意识到自己有权利参与遗产保护时，他们会对遗产产生更为浓厚的兴趣，对遗产的关注也会比以前多，这有助于他们正确认识遗产。公众的文化素质越高，知识越丰富，对遗产的认知也就越正确。在开平调研期间，我们发现一些游客对碉楼的历史十分了解，访谈中发现这些游客多是具有本科以上学历，且对历史建筑等事物比较感兴趣。但一些游客对着众多外形有些相似的碉楼则有些茫然。由于游客众多，导游数量少，一些没能听到导游讲解的游客抱怨连连，不知道这些碉楼的作用，只是感觉房子破破烂烂，并无看点。可见，公众的文化水平、探索知识的能力会影响公众对遗产的认知。因此，本书提出假设：

H5：遗产认知与权利意识呈正相关关系。

H6：遗产认知与遗产责任意识呈正相关关系。

H7：遗产认知与公众参与能力呈正相关关系。

6.1.6　公众参与能力与权利意识、遗产责任意识之间的关系

李俊辉（2000）认为，若公民在参与公共问题解决的过程中欠缺主动性、使命感以及处理与协调事务的能力，则无法得到公民参与问题解决的教育意义，更可能造成失败与对立的窘境。当公众认为自己有一定的参与能力，并且自己的参与能够影响相关部门决策时，就会表现出较强而积极的参与意识（彭分文、陈栋，2009），因此，本书提出假设：

H8：公众参与能力与权利意识呈正相关关系。

H9：公众参与能力与遗产责任意识呈正相关关系。

6.1.7　权利意识与遗产责任意识

李春梅（2005）的研究结果显示，公共事务态度与社会责任之间存在相互关系，即暗示权利意识与责任意识之间具有相关性。权利与责任常常紧密联系在一起，"没有责任的权利"以及"没有权利的责任"在实践中都是不可取的。因而，提出本书的假设：

H10：权利意识与遗产责任意识呈正相关关系。

6.1.8　个人背景属性与参与保护倾向之间的关系

公众参与意愿会受其个人性格特征以及个人背景如年龄、性别、收入、文化程度等因素的影响（王琳，2006）。刘翠（2010）通过调查研究发现，社区居民的遗产保护意识在一定程度上受到个人社会经济特征的影响，而性别是其中一个重要的影响因素，男性对于遗产资源的认识以及保护意识要远远高于女性。其他因素方面，年轻人相对于老年人会更加积极主动地参加遗产保护活动；文化程度和收入较高的村民相对于文化程度低、收入偏低的村民，更具有积极主动的宣传遗产保护的观念。根据王卓和吴迪（2010）的研究显示，人们的参与行为意向随公民教育水平的提高而呈现上升的趋势，并且不同性别人群的参与行为意向具有差异性，但年龄对参与行为意向不构成独立的影响因素。而李春梅（2005）的研究结果却显示，男女性别在公众参与态度上无显著差异，但年龄与公众参与态度显著相关，而且教育程度不同其参与态度有显著差异，然而月收入与公众参与态度无显著相关。

已有文献研究结果显示，个人背景属性与参与行为之间存在一定的关系。因此，本书将个人背景属性与参与保护倾向之间的关系假设为：

H11：个人背景属性在参与保护倾向上有显著差异。

H11-1：不同性别的受访者在参与保护倾向上有显著的差异；

H11-2：不同年龄的受访者在参与保护倾向上有显著的差异；

H11-3：受教育程度不同的受访者在参与保护倾向上有显著的差异；

H11-4：不同收入水平的受访者在参与保护倾向上有显著的差异。

6.1.9　研究假设汇总

根据上述分析，本书共提出11个研究假设，汇总如下：

H1：遗产认知对参与保护有显著的直接影响；

H2：权利意识对参与保护有显著的直接影响；

H3：遗产责任意识对参与保护有显著的直接影响；

H4：公众参与能力对参与保护有显著的直接影响；

H5：遗产认知与权利意识呈正相关关系；

H6：遗产认知与遗产责任意识呈正相关关系；

H7：遗产认知与公众参与能力呈正相关关系；

H8：公众参与能力与权利意识呈正相关关系；

H9：公众参与能力与遗产责任意识呈正相关关系；

H10：权利意识与遗产责任意识呈正相关关系；

H11：个人背景属性在参与保护倾向上有显著差异；

H11－1：不同性别的受访者在参与保护倾向上有显著的差异；

H11－2：不同年龄的受访者在参与保护倾向上有显著的差异；

H11－3：受教育程度不同的受访者在参与保护倾向上有显著的差异；

H11－4：不同收入水平的受访者在参与保护倾向上有显著的差异。

6.2　研究模型

通过文献研究和各概念之间的关系辨析，本书提出个人因素与参与保护之间关系的理论模型，如图 6 - 1 所示。

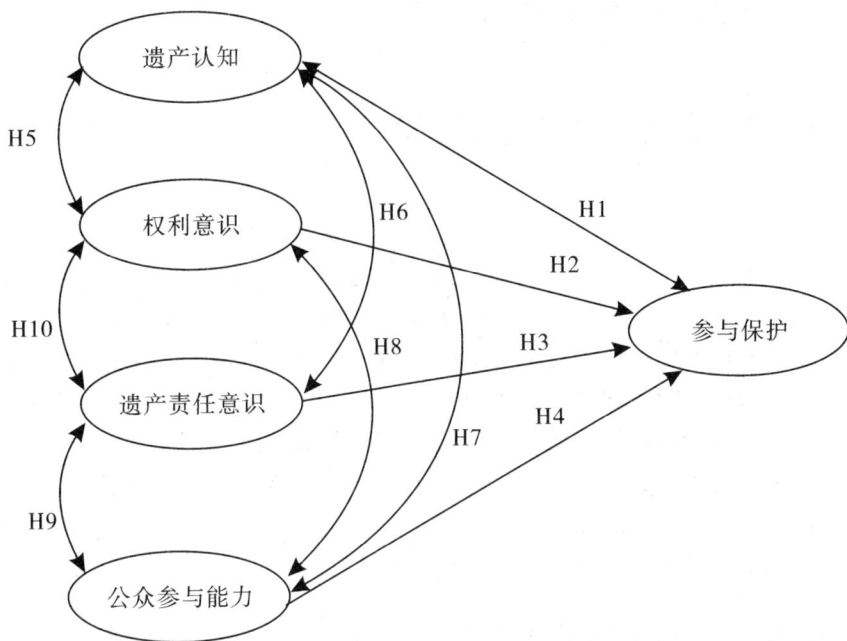

图 6 - 1 理论假设模型

6.3 研究方法

对于个人背景属性，如性别、年龄、受教育程度、收入等与参与保护以及参与能力之间的关系将采用 SPSS 软件中的 T 检验以及单因素方差分析（one-way ANOVA）进行研究；而个人因素中的遗产认知、权利意识、责任意识、参与能力对参与保护的影响，则运用 SPSS 软件进行描述性统计分析以及探索性因子分析，利用 AMOS 软件进行验证性因子分析，并构建结构方程模型，通过评鉴结构方程模型的适配度，进行整体模型的解释及各研究假设的检验。

6.4　量表开发与问卷设计

量表的开发主要是通过对相关文献进行研究，参考了李春梅（2005）的公众参与态度量表以及萧扬基（1989）的高中学生公民意识量表。在此基础上，与理论界的专家（主要包括四川大学王挺之教授和杨振之教授、山东大学宋振春教授和许峰副教授、暨南大学梁明珠教授等）和实践界相关人士（主要包括深圳商报资深记者、广州南湖国旅高级导游、开平碉楼景区管理人员等）访谈，并到广东开平碉楼和福建土楼进行调研，与当地社区居民访谈，最终形成了测试量表。量表经历了从初设、预试、修改到最终形成正式量表的过程，具有一定的效度。

6.4.1　公众参与遗产保护的测量题项

预试问卷有六部分内容，包括遗产认知（Heritage Cognitive，HC）、遗产保护责任意识（Sense of Duty，SD）、权利意识（Right Awareness，RA）、参与能力（Ability to Participate，AP）、参与保护（Participation in Conservation，PC）以及受访者人口统计学变量。除人口统计学变量外，其余五部分用李克特 7 分量表形式表现（完全同意 =7，比较同意 =6，基本同意 =5，不确定 =4，有些不同意 =3，比较不同意 =2，完全不同意 =1）。

表 6 - 1　预试问卷中的测量题项

内容	序号	测量题项
遗产认知	HC1	世界文化遗产具有突出的普遍价值，是人类智慧的结晶
	HC2	世界遗产不仅是当地人的，也是全民族乃至全人类的共同遗产
	HC3	世界遗产不仅是当代人的，也是子孙后代的宝贵财富
	HC4	开平碉楼列入世界文化遗产名录是我们中国人的骄傲

（续上表）

内容	序号	测量题项
责任意识	SD1	人人都有责任保护遗产，因为这是我们共同的财产
	SD2	碉楼遗产保护不仅是政府和碉楼主人的事，也是我的责任
	SD3	将遗产传承给子孙后代，既是我的责任，也是我的义务
	SD4	遗产保护应由公众选出的精英代表民众参与
	SD5	保护好遗产是大家共同的责任
	SD6	保护碉楼遗产并不是多管闲事
权利意识	RA1	了解遗产保护与管理的情况是我的权利
	RA2	我有权监督遗产保护政策的执行情况
	RA3	我有权对遗产保护提出意见或建议
	RA4	遗产地保护与管理的情况应定期公示，并接受公众监督
	RA5	遗产保护与管理决策应尊重每一位参与者的意见
参与能力	AP1	我受过良好的教育，有助于遗产的保护
	AP2	我能够分配一定的时间参与遗产保护工作
	AP3	我具有一定的遗产保护相关知识与技术
	AP4	我能够为遗产保护提供一些金钱资助
	AP5	我认为自己有能力保护碉楼遗产
	AP6	我希望自己的保护行为能得到一定的奖励
参与保护	PC1	我会主动关心世界遗产的发展情况
	PC2	我乐意参与有关遗产保护与管理的相关活动或工作
	PC3	看到他人损害碉楼遗产的行为，我会主动加以制止
	PC4	我会约束自己的行为，以身作则保护遗产
	PC5	我会主动向他人宣传遗产的价值，倡导大家保护遗产

6.4.2 公众参与遗产保护量表的检验

1. 预调查研究设计

在问卷预试阶段，本书以华南农业大学的学生作为调查对象。因为要进行因子分析，预试样本数量最好为量表题项数的 5 倍（吴明隆，2011），因此，在预调查阶段，共发放并回收了 200 份纸质问卷，其中有效问卷 156 份，有效问卷率为 78%。受访者中男性占 55.1%（86 人），女性占 44.9%（70 人）。

2. 预调查分析

（1）信度检验。信度（reliability）代表量表的一致性或稳定性，在社会科学领域中常常采用克朗巴赫 α（Cronbach α）系数。量表 α 系数值愈高，表示其信度愈高，测量误差值愈小。一份信度理想的量表，其总量表的内部一致性 α 系数至少要在 0.8 以上（吴明隆，2011）。运用 SPSS18.0 统计分析软件对预试数据进行信度分析，结果显示克朗巴赫 α（26 个项目）为 0.929 2，表明量表有较高的信度。

（2）预试问卷项目分析。

表 6-2　预试问卷项目分析表

题项	修正的项目总相关	项目删除后的 α 系数	因子载荷	备注	题项	修正的项目总相关	项目删除后的 α 系数	因子载荷	备注
HC1	0.519 0	0.927 3	0.588	保留	RA4	0.635 7	0.925 8	0.696	保留
HC2	0.598 6	0.926 1	0.673	保留	RA5	0.373 4	0.932 5	0.412	删除
HC3	0.559 5	0.926 8	0.636	保留	AP1	0.618 8	0.925 7	0.614	保留
HC4	0.530 7	0.927 1	0.611	保留	AP2	0.694 0	0.924 4	0.709	保留
SD1	0.543 9	0.927 0	0.623	保留	AP3	0.534 1	0.927 2	0.526	保留
SD2	0.620 5	0.925 9	0.689	保留	AP4	0.387 8	0.931 4	0.423	删除
SD3	0.641 1	0.925 4	0.695	保留	AP5	0.592 0	0.926 2	0.577	保留
SD4	0.232 6	0.932 0	0.241	删除	AP6	0.188 2	0.934 4	0.182	删除
SD5	0.606 0	0.926 4	0.681	保留	PC1	0.660 5	0.925 0	0.687	保留
SD6	0.389 2	0.930 6	0.445	删除	PC2	0.665 9	0.925 0	0.709	保留
RA1	0.688 1	0.924 5	0.728	保留	PC3	0.654 1	0.925 5	0.710	保留
RA2	0.658 4	0.925 0	0.697	保留	PC4	0.393 5	0.934 1	0.438	删除
RA3	0.658 4	0.925 0	0.629	保留	PC5	0.739 0	0.924 2	0.789	保留
判标准则	≥0.400	≤0.929 2*	≥0.450			≥0.400	≤0.929 2*	≥0.450	

注：0.929 2 是量表的内部一致性 α 系数。

"修正的项目总相关"系数是每一个题项与其他题项加总后（不包含原题项）的相关系数，如果数值小于 0.400，则表示该题项与其余题项的相关为低度关系，该题项与其余题项所要测量的心理或潜在特质同质性不高（吴明隆，2011），可以考虑删除。因子载荷（factor loading）表示题项与因子关系的程度，题项在共同因子中的因子载荷量愈高，表示题项与共同因子（总量表）的关系愈密切，即同质性愈高。在进行项目分析时，若题项的因子载荷量小于 0.450，题项可考虑删除（吴明隆，2011）。据此，本书对预试问卷项目进行分析，共删除 6 个项目，最后保留了 20 个项目（表 6-2）。

（3）预试样本的探索性因子分析。因子分析的目的在于获得量表的构念效度（或称建构效度）（construct validity）。构念效度是指测量或量表能测量到理论上的构念或特质的程度（吴明隆，2011）。探索性因子分析（Exploratory Factor Analysis，EFA）是一项用来找出多元观测变量的本质结构，并进行降维处理的技术，其目的是找出影响观测变量的因子个数，以及各因子和各观测变量之间的相关程度，试图揭示一套相对比较大的变量的内在结构。

KMO 是 Kaiser-Meyer-Olkin 的取样适当性量数，当 KMO 值越大时（愈接近 1 时），表示变量间的共同因素越多，变量间的净相关系数越低，越适合进行因子分析。进行因子分析的普通准则至少在 0.6 以上（吴明隆，2011）。由表 6-3 可知，问卷的 KMO 值为 0.895，巴特利球形检验显著水平 Sig. = 0.000，说明此问卷适合做因子分析。

表 6-3　KMO 和巴特利球形检验

KMO 取样适当性度量		0.895
巴特利球形检验	卡方值	2 130.907
	自由度	190
	显著性	0.000

从表 6-4 和图 6-2 看到，预试问卷 EFA 分析抽取了 5 个特征值大于 1 的因子，这 5 个因子可解释全量表 75.214% 的变异量。

表6-4 解释总变量

因子	初始特征值			平方和负荷量萃取			转轴平方和负荷量		
	总和	方差（%）	累积（%）	总和	方差（%）	累积（%）	总和	方差（%）	累积（%）
1	8.962	44.812	44.812	8.962	44.812	44.812	3.317	16.583	16.583
2	2.446	12.229	57.041	2.446	12.229	57.041	3.007	15.037	31.620
3	1.361	6.806	63.847	1.361	6.806	63.847	2.975	14.877	46.496
4	1.204	6.020	69.867	1.204	6.020	69.867	2.972	14.861	61.357
5	1.069	5.347	75.214	1.069	5.347	75.214	2.771	13.857	75.214

萃取方法：主成分分析。

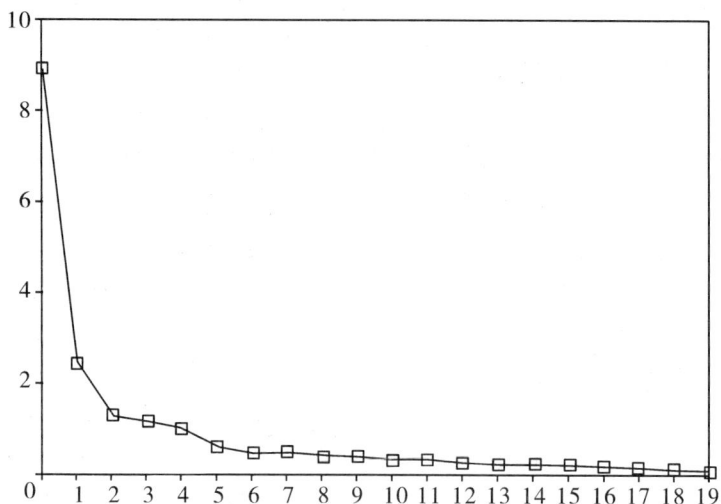

图6-2 预试样本的主成分碎石图

一般来说，当因子载荷大于0.71时，可解释观察变量50%的方差，是非常理想的状况；当因子载荷大于0.63时，该因子可解释观察变量40%的方差，是非常好的状况。表6-5显示，通过转轴后，各因子载荷均大于0.640，可以说是非常好的状态，20个题项可以很好地归属于5个因子。

表6-5 转轴后的成分矩阵

题项	成分				
	1	2	3	4	5
SD5	0.783				
SD3	0.737				
SD1	0.725				
SD2	0.710				
AP3		0.901			
AP5		0.821			
AP1		0.742			
AP2		0.673			
RA2			0.818		
RA3			0.808		
RA4			0.694		
RA1			0.641		
PC1				0.813	
PC2				0.783	
PC3				0.702	
PC5				0.654	
HC4					0.827
HC1					0.784
HC3					0.719
HC2					0.656

6.5　正式问卷发放与数据收集

6.5.1　正式问卷

问卷经过预试之后，删除了一些题项，最后形成了由 20 个题项所组成的正式问卷。其中"遗产认知"包括 HC1、HC2、HC3、HC4 四个题项；"责任意识"包括 SD1、SD2、SD3、SD4 四个题项；"权利意识"包括 RA1、RA2、RA3、RA4 四个题项；"参与能力"包括 AP1、AP2、AP3、AP5 四个题项；"参与保护"包括 PC1、PC2、PC3、PC5 四个题项（见表 6-6）。

表 6-6　正式问卷测量题项

内容	序号	测量题项
遗产认知	HC1	世界文化遗产具有突出的普遍价值，是人类智慧的结晶
	HC2	世界遗产不仅是当地人的，也是全民族乃至全人类的共同遗产
	HC3	世界遗产不仅是当代人的，也是子孙后代的宝贵财富
	HC4	开平碉楼列入世界文化遗产名录是我们中国人的骄傲
遗产保护责任意识	SD1	人人都有责任保护遗产，因为这是我们共同的财产
	SD2	碉楼遗产保护不仅是政府和碉楼主人的事，也是我的责任
	SD3	将遗产传承给子孙后代，既是我的责任，也是我的义务
	SD5	保护好遗产是大家共同的责任
权利意识	RA1	了解遗产保护与管理的情况是我的权利
	RA2	我有权监督遗产保护政策的执行情况
	RA3	我有权对遗产保护提出意见或建议
	RA4	遗产地保护与管理的情况应定期公示，并接受公众监督

（续上表）

内容	序号	测量题项
参与能力	AP1	我受过良好的教育，有助于遗产的保护
	AP2	我能够分配一定的时间参与遗产保护工作
	AP3	我具有一定的遗产保护相关知识与技术
	AP5	我认为自己有能力保护碉楼遗产
参与保护	PC1	我会主动关心世界遗产的发展情况
	PC2	我乐意参与有关遗产保护与管理的相关活动或工作
	PC3	看到他人损害碉楼遗产的行为，我会主动加以制止
	PC5	我会主动向他人宣传遗产的价值，倡导大家保护遗产

6.5.2　问卷发放与数据收集

根据预试结果调整后的正式问卷于 2011 年 7 月底至 10 月在开平碉楼世界文化遗产地自力村、马降龙村落、锦江里村落、三门里村落以及立园、赤坎古镇及其周边地区发放。调研采取随机抽样的方法，但是要求受访者是在开平居住一年以上的居民。之所以选择在当地居住一年以上的居民，是因为他们是遗产保护最关键的利益相关者，是公众参与遗产保护中"公众"的重要组成部分，他们的行为和态度对于其他公众而言具有一定的典型性。

在案例地现场发放并回收了 540 份问卷，此外，通过在专业调查网站"问卷星"上发放问卷、通过好友转发电子问卷给开平居民的形式，回收了 64 份问卷。问卷合计为 604 份，其中有效问卷 538 份，有效问卷率为 89.1%。

调查样本中，女性略多于男性；从年龄上看，19～45 岁的中青年所占比重最大，占 69.5%；受教育程度上，高中/中专/职高所占比重较大，为41.3%，大专以上的占 31%，说明中高学历层的受访者较多；从职业上看，排名前三位的分别是学生（32.0%）、企业或公司人员（包括管理人员和一般员工）（27.9%）、农民（14.3%）；就平均月收入来看，3 000 元以内的中低收入受访者高达 87.2%，而高收入者较少（表 6-7）。

表 6－7　样本人口统计学特征

指标		样本数	百分比（%）
性别	男	254	47.2
	女	284	52.8
	合计	538	100
年龄	18 岁及以下	103	19.1
	1925 岁	204	37.9
	26～35 岁	114	21.2
	36～45 岁	56	10.4
	46～55 岁	33	6.1
	56～65 岁	19	3.5
	65 岁及以上	9	1.7
	合计	538	100
受教育程度	不识字	9	1.7
	小学	35	6.5
	初中	105	19.5
	高中/中专/职高	222	41.3
	大专	79	14.7
	大学本科	80	14.9
	硕士及以上	8	1.4
	合计	538	100

指标		样本数	百分比（%）
职业	学生	172	32.0
	政府机关/事业单位职工	21	3.9
	企业/公司一般员工	121	22.5
	企业/公司管理人员	29	5.4
	农民	77	14.3
	私营业主/个体经营者	49	9.1
	教师	10	1.9
	待业/下岗	27	5.0
	离退休人员	12	2.2
	其他	20	3.7
	合计	538	100
平均月收入	1 000 元以下	227	42.2
	1 001～2 000 元	157	29.2
	2 001～3 000 元	85	15.8
	3 001～5 000 元	46	8.6
	5 001～8 000 元	11	2.0
	8 000 元以上	12	2.2
	合计	538	100

6.6 数据统计与分析

6.6.1 样本描述性统计分析

一般认为偏度绝对值小于3,峰度绝对值小于10,则数据满足正态分布的要求。表6-8显示,正式样本的偏度和峰度绝对值都小于1,可见本书的数据在整体上满足正态分布要求。

表6-8 正式样本的描述性统计分析

	样本量统计量	最小值统计量	最大值统计量	平均值统计量	标准差统计量	偏度		峰度	
						统计量	标准误	统计量	标准误
HC1	538	2	7	5.40	0.877	−0.931	0.105	0.078	0.210
HC2	538	1	7	5.35	0.957	−0.863	0.105	0.370	0.210
HC3	538	2	7	5.41	0.927	−0.973	0.105	0.370	0.210
HC4	538	3	7	5.77	1.011	−0.876	0.105	0.367	0.210
SD1	538	2	7	5.56	0.857	−0.842	0.105	0.435	0.210
SD2	538	2	7	5.22	0.908	−0.768	0.105	−0.402	0.210
SD3	538	2	7	5.13	0.968	−0.750	0.105	−0.292	0.210
SD4	538	2	7	5.34	0.876	−0.998	0.105	0.003	0.210
PC1	538	1	7	4.82	1.082	−0.673	0.105	0.300	0.210
PC2	538	1	7	4.84	1.048	−0.449	0.105	−0.442	0.210
PC3	538	1	7	5.04	0.980	−0.554	0.105	−0.416	0.210
PC4	538	2	7	5.03	0.981	−0.508	0.105	−0.739	0.210
RA1	538	1	7	4.91	1.075	−0.748	0.105	0.358	0.210
RA2	538	1	7	4.85	1.108	−0.704	0.105	0.141	0.210
RA3	538	1	7	4.93	1.090	−0.734	0.105	0.070	0.210
RA4	538	2	7	5.16	0.983	−0.919	0.105	0.209	0.210
AP1	538	1	6	4.56	1.122	−0.428	0.105	−0.088	0.210

（续上表）

	样本量统计量	最小值统计量	最大值统计量	平均值统计量	标准差统计量	偏度		峰度	
						统计量	标准误	统计量	标准误
AP2	538	1	6	4.37	1.115	−0.403	0.105	0.569	0.210
AP3	538	1	6	4.07	1.307	−0.498	0.105	0.104	0.210
AP4	538	1	6	4.12	1.260	−0.427	0.105	0.102	0.210

6.6.2　验证性因子分析

验证性因子分析（Confirmatory Factor Analysis，CFA）可用来测试一个因子与相对应的测度项之间的关系是否符合研究者所设计的理论关系，是一种事后的评估程序。通常可采用线性结构方程模式软件（如 LISREL 和 AMOS）加以验证，以探究量表的因素结构是否能与抽样样本适配。AMOS 属于结构方程式模型（Structural Equation Modeling，SEM）的一种，其功能在于探讨多变量或单变量之间的因果关系。AMOS 的基本理论认为潜在变量是无法直接测量的，必须借由观察变量来间接推测得知（荣泰生，2010）。AMOS 通常包括测量模型（measurement model）和结构模型（structure model）两个部分。本书主要采用 AMOS18.0 进行分析。验证性因子分析中，除报告模型拟合指数外，还需要进一步了解测量模型中的个别参数是否理想，各潜在变量的组合情形是否稳定可靠。一般可采用项目质量、组合信度、估计参数的显著水平、标准化残差等进行检验。

表 6-9　测量模型参数估计摘要表

变量	题项	因素负荷量	标准误	t 值	测量误差	R^2	组合信度（ρ_c）	平均方差抽取量（ρ_v）
遗产认知	HC1	0.722	0.059	15.025***	0.479	0.521	0.84	0.57
	HC2	0.799	0.066	16.392***	0.362	0.638		
	HC3	0.791	0.064	16.265***	0.374	0.626		
	HC4	0.701			0.508	0.492		

（续上表）

变量	题项	因素负荷量	标准误	t 值	测量误差	R^2	组合信度（ρ_c）	平均方差抽取量（ρ_v）
责任意识	SD1	0.724	0.070	14.728***	0.477	0.523	0.83	0.56
	SD2	0.809	0.076	16.122***	0.345	0.655		
	SD3	0.758	0.080	15.322***	0.425	0.575		
	SD4	0.686			0.530	0.470		
权利意识	RA1	0.754	0.078	15.418***	0.431	0.569	0.85	0.59
	RA2	0.818	0.081	16.447***	0.331	0.669		
	RA3	0.804	0.080	16.248***	0.353	0.647		
	RA4	0.689			0.525	0.475		
参与能力	AP1	0.692			0.522	0.478	0.77	0.50
	AP2	0.755	0.078	13.909***	0.429	0.571		
	AP3	0.634	0.087	12.276***	0.599	0.401		
	AP4	0.615	0.083	11.978***	0.622	0.378		
参与保护	PC1	0.737			0.457	0.543	0.82	0.57
	PC2	0.784	0.062	16.590***	0.385	0.615		
	PC3	0.668	0.057	14.305***	0.554	0.446		
	PC4	0.738	0.058	15.726***	0.456	0.544		

注：***$p < 0.001$。

　　一般来说，因素负荷量介于 0.50 至 0.95 之间，表示模型的基本适配度良好，因素负荷量愈大，表示指标变量能被构念解释的变异愈大，指标变量能有效反映其要测得的构念特质。从表 6-9 可以看出，20 个题项的因素负荷量皆不小于 0.615，而小于 0.95，说明这 20 个题项能较好地反映潜变量，具有良好的聚敛效度。

　　因素负荷量的 t 值可检验测量题项的效度判断，若 t 值绝对值大于 1.96，则参数估计值达到 0.05 显著水平。表 6-9 显示的 t 值从 11.978 到 16.590 不等，远远大于 2.58（$p < 0.001$）的标准，说明各题项具有良好的聚敛效度。

　　组合信度是模型内在质量的判别准则之一，若潜在变量的组合信度值大于 0.6，则表示模型的内在质量理想（吴明隆，2010）。本书的测量模型组合信度（CR，ρ_c）值均不小于 0.77，表示模型内在质量佳。平均方差抽取量（AVE，ρ_v）是潜在变量可以解释其指标变量变异量的比值，是一种聚敛效度的指标，其数值愈大，表示测量指标愈能有效反映其共同因素构念的潜在特质，一般的判别标准是平均方差抽取量要不小于 0.50。本书各潜在变量的平均方差抽取量皆不小于 0.50，说明各潜在变量有较高的判别和聚敛效度。

6.6.3　模型适配度的评估

模型适配度的评估主要是检验假设模型与样本数据之间的适配程度。通常评估包括参数估计值的合理性、适当的标准误、参数估计值的显著性、整体模型适配度的判别等。

从表 6-10 至表 6-12 可得到量表 CFA 模型检验结果如下：

（1）模型的基本适配指标均达到检验标准，说明估计结果的基本适配指标良好，没有违反模型辨认规则。

（2）在整体模型适配度的检验方面，χ^2 为 437.326，自由度为 160，显著性概率 $p = 0.000 < 0.05$，本应拒绝虚无假设。但卡方值对受试样本的大小非常敏感，样本数愈大，则卡方值愈容易达到显著，导致理论模型遭到拒绝的概率愈大。学者 Rigdon（1995）认为，使用真实世界的数据来评价理论模型时，χ^2 统计通常实质帮助不大（吴明隆，2010）。本书有效样本为 538 份，可能会对 χ^2 有较大影响，因此，该指标只是作为参考，还需要采用其他模型适配度评鉴指标进行评估。除卡方值外，在绝对适配指标、增值适配指标与简约适配指标统计量中，所有适配指标值均达到模型可接受的标准。整体而言，模型与实际观察数据的适配情形良好。

（3）在假设模型内在质量的检验方面，有两个指标值未达标准。其中有 7 个测量指标的信度系数未达 0.50。黄芳铭（2007）认为个别信度必须大于 0.50 这一标准，常使得所构建的指标无法达到要求，连带使得结构式系数的解释产生问题，因此，提出只要 t 值达显著，R^2 便可接受。据此，潜在变量各观察指标的 t 值均达显著水平，表示 R^2 在可接受范围内。此外，共有 22 个修正指标大于 5.000，表示假设模型变量间还可以释放参数，测量指标的测量误差项间并非完全独立无关联。就整体而言，模型的内在质量尚称理想。

（4）CFA 测量模型中没有发现观察变量横跨两个因素构念的情形，原先建构的不同测量变量均落在预期的因素构念上面，表示测量模型有良好的区别效度。

表 6 – 10　模型基本适配度检验摘要

评价项目	检验结果数据	模型适配判断
是否没有负的误差变异量	均为正数	是
因素负荷量是否介于 0.50 至 0.95 之间	0.615 ~ 0.818	是
是否没有很大的标准误	0.057 ~ 0.087	是

表 6 – 11　整体模型适配度检验摘要

统计检验量	适配的标准或临界值	检验结果数据	模型适配判断
绝对适配度指数			
χ^2	越小越好，$p > 0.05$（未达显著水平）	437.326（$p = 0.000$）	否
GFI 值	>0.90 以上	0.924	是
AGFI 值	>0.90 以上	0.900	是
RMSEA 值	<0.05（适配良好）<0.08（适配合理）	0.057	是
增值适配度指数			
NFI 值	>0.90 以上	0.914	是
RFI 值	>0.90 以上	0.900	是
IFI 值	>0.90 以上	0.944	是
TLI 值（NNFI 值）	>0.90 以上	0.933	是
CFI 值	>0.90 以上	0.943	是
简约适配度指数			
PGFI 值	>0.50 以上	0.704	是
PNFI 值	>0.50 以上	0.770	是
CN 值	>200	234	是
NC 值（χ^2 自由度比值）	$1 < NC < 3$，表示模型有简约适配程度 $NC > 5$，表示模型需要修正	2.733	是

表6-12　模型内在质量检验摘要

评价项目	检验结果数据	模型适配判断
所估计的参数均达到显著水平	t 值介于 11.978 ~ 16.59	是
个别项目的信度高于 0.50	7 个 < 0.50	否
潜在变量的平均抽取变异量大于 0.50	0.50 ~ 0.59	是
潜在变量的组合信度大于 0.60	0.77 ~ 0.85	是
修正指标小于 5.000	22 个 > 5.000	否

6.6.4　路径分析

路径分析（path analysis）即各自只有一个观察变量的潜在变量间的结构模型。SEM 的路径分析包括两种，一种是观察变量路径分析（Path Analysis with Observed Variables，简称为 PA - OV 模型），这是一种没有包含任何潜在变量的结构方程模型；另一种是包含了潜在变量的路径分析，称为潜在变量路径分析（Path Analysis with Latent Variables，简称为 PA - LV 模型）。PA - LV 模型统合了形成性指标与反映性指标，该模型分析不但可以进行潜在变量与其指标变量所构成的测量模型的估计，也可以进行变量间路径分析的检验（吴明隆，2010）。本书采用 PA - LV 模型进行假设检验。

表 6-13 中的路径系数是已经标准化的。假设模型中的 10 条路径关系，有 7 条达到显著水平 $\alpha = 0.001$，2 条达到显著水平 $\alpha = 0.01$，1 条未达显著水平 $\alpha = 0.05$。从整体上看，在 0.01 的显著水平下，假设模型中共有 9 条路径关系达到显著水平（表 6-13）。

表6-13　研究模型的路径系数拟合结果

待检验关系	标准化路径系数	$|t|$ 值	p 值	检验结果
H1：遗产认知→参与保护	0.12	1.54	0.124	不成立
H2：权利意识→参与保护	0.17	2.77	0.006**	成立
H3：责任意识→参与保护	0.23	2.81	0.005**	成立
H4：参与能力→参与保护	0.42	6.77	***	成立
H5：遗产认知↔权利意识	0.53	8.17	***	成立

（续上表）

待检验关系	标准化路径系数	|t|值	p值	检验结果
H6：遗产认知↔责任意识	0.77	9.82	＊＊＊	成立
H7：遗产认知↔参与能力	0.34	5.65	＊＊＊	成立
H8：参与能力↔权利意识	0.55	7.78	＊＊＊	成立
H9：参与能力↔责任意识	0.38	6.07	＊＊＊	成立
H10：权利意识↔责任意识	0.58	8.50	＊＊＊	成立

注：＊＊＊ $p < 0.001$，＊＊ $p < 0.01$。

6.6.5　模型修正

模型中检验不显著（C. R. 绝对值小于 1.96）的参数，表示此参数在模型中不具重要性，为达模型简约目的，这些不显著的参数最好删除（吴明隆，2010）。根据模型适配度评估及路径分析，整体上模型的拟合度是可以接受的，但是有一些研究假设并未获得支持，因此，需要对模型进行修正。在路径分析中，假设 1 中"遗产认知→参与保护"的路径系数不显著，因此，考虑将该路径删除以修正模型。此外，根据修正指标增列误差项 e5 与 e7、e6 与 e7、e11 与 e9、e10、e10 与 e12、e15 与 e16、e18 与 e17、e20、e19 与 e20 之间的相关。经过修正后的模型拟合度指标如表 6－14 所示。

表 6－14　修正后的结构模型拟合度指标

拟合指数	χ^2	df	χ^2/df	GFI	AGFI	RMSEA	NFI
数值大小	333.621	151	2.209	0.941	0.918	0.047	0.934
拟合指数	RFI	CFI	IFI	NNFI	PNFI	PGFI	PCFI
数值大小	0.917	0.963	0.963	0.953	0.743	0.676	0.765

修正后的模型，卡方值从 437.326 下降为 333.621，尽管 $p = 0.000$，但是由于卡方值易受样本大小的影响，样本观察值愈多，模型卡方值也会愈大，而显著性概率值 p 会变得愈小，容易形成拒绝虚无假设的结论。本书的样本数较大，因此，应再参考其他适配度统计量。根据表 6－14 结果显示，其他指标拟合较好。修正后的模型卡方值和自由度均有所下降，而其余指标变化并不是很明显，这说明原来的假设模型较为合理，而修正后的模型更为理想（图 6－3）。

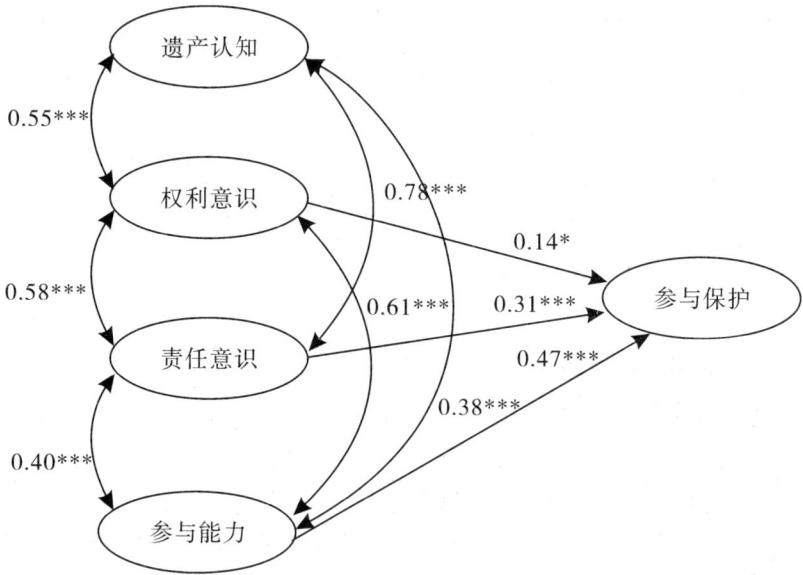

图 6 - 3   修正后的理论模型

6.6.6   个人背景属性与参与保护的关系

1. 性别

本书主要运用独立样本 T 检验检测不同性别对参与保护倾向是否存在显著差异。表 6 - 15 显示不同性别的受访者在参与保护倾向上并无显著差异。

表 6 - 15   性别与参与保护的独立样本 T 检验

		方差相等的 Levene' 检验		平均数相等的 t 检验		
		F	Sig.	t	df	Sig.（2 - tailed）
主动关心发展情况	假设方差相等	1.591	0.208	- 0.260	536	0.795
	不假设方差相等			- 0.258	510.544	0.796

（续上表）

		方差相等的 Levene'检验		平均数相等的 t 检验		
		F	Sig.	t	df	Sig.（2－tailed）
乐意参与遗产保护	假设方差相等	2.038	0.154	－0.861	536	0.389
	不假设方差相等			－0.858	517.146	0.392
主动制止损害行为	假设方差相等	0.237	0.627	0.888	536	0.375
	不假设方差相等			0.886	524.620	0.376
主动宣传遗产价值	假设方差相等	0.879	0.349	1.491	536	0.136
	不假设方差相等			1.489	525.881	0.137

2. 年龄、受教育程度以及收入水平与参与保护倾向的关系

运用单因子方差分析分别检验不同年龄、受教育程度以及收入水平的受访者在参与保护倾向上是否有显著差异。

表6－16　年龄与参与保护的单因子方差分析

		平方和	自由度	平均平方和	F	显著性
主动关心发展情况	组间	23.284	6	3.881	3.403	0.003
	组内	605.499	531	1.140		
	总和	628.783	537			
乐意参与遗产保护	组间	9.913	6	1.652	1.513	0.172
	组内	579.693	531	1.092		
	总和	589.606	537			
主动制止损害行为	组间	13.268	6	2.211	2.335	0.031
	组内	502.912	531	0.947		
	总和	516.180	537			
主动宣传遗产价值	组间	3.138	6	0.523	0.541	0.777
	组内	513.444	531	0.967		
	总和	516.582	537			

表 6 - 16 显示不同年龄在参与保护上的差异性并不明显，只是在"主动关心发展情况"上显示有显著差异。运用 Scheffe 法进行事后多重比较检验，发现年龄段在 26 ~ 35 岁的受访者与年龄段为 46 ~ 55 岁的受访者在关心遗产发展方面存在着显著差异，26 ~ 35 岁的受访者会更主动关心遗产发展情况。

表 6 - 17　受教育程度与参与保护的单因子方差分析

		平方和	自由度	平均平方和	F	显著性
主动关心发展情况	组间	44.424	6	7.404	6.728	0.000
	组内	584.359	531	1.100		
	总和	628.783	537			
乐意参与遗产保护	组间	36.819	6	6.137	5.895	0.000
	组内	552.787	531	1.041		
	总和	589.606	537			
主动制止损害行为	组间	4.309	6	0.718	0.745	0.614
	组内	511.871	531	0.964		
	总和	516.180	537			
主动宣传遗产价值	组间	12.364	6	2.061	2.170	0.044
	组内	504.217	531	0.950		
	总和	516.582	537			

表 6 - 17 显示受教育程度不同的受访者在参与保护上存在着显著的差异。利用 Scheffe 法进行事后多重比较检验，发现受教育程度为大专的与小学以及不识字的差异最大。总体来看，受教育程度越高，则越倾向于参与保护。调查结果显示，教育水平为大专以上的受访者，其参与保护的倾向明显高于初中以下的受访者。

表 6 - 18 显示，月收入水平不同的受访者在参与保护倾向上并没有显著的差异。

表6-18   平均月收入与参与保护的单因子方差分析

		平方和	自由度	平均平方和	F	显著性
主动关心发展情况	组间	4.659	5	0.932	0.794	0.554
	组内	624.124	532	1.173		
	总和	628.783	537			
乐意参与遗产保护	组间	2.870	5	0.574	0.520	0.761
	组内	586.736	532	1.103		
	总和	589.606	537			
主动制止损害行为	组间	6.557	5	1.311	1.369	0.234
	组内	509.624	532	0.958		
	总和	516.180	537			
主动宣传遗产价值	组间	1.796	5	0.359	0.371	0.868
	组内	514.786	532	0.968		
	总和	516.582	537			

表6-19   性别与参与能力的独立样本T检验

		方差相等的 Levene'检验		平均数相等的 t 检验		
		F	Sig.	t	df	Sig.(2-tailed)
受过良好教育	假设方差相等	5.727	0.017	0.842	536	0.400
	不假设方差相等			0.836	506.818	0.403
分配一定时间	假设方差相等	10.904	0.001	0.701	536	0.484
	不假设方差相等			0.693	491.316	0.489
具有知识、技术	假设方差相等	19.989	0.000	0.891	536	0.374
	不假设方差相等			0.881	491.407	0.379
有能力保护	假设方差相等	6.773	0.010	4.665	536	0.000
	不假设方差相等			4.657	525.058	0.000

表 6 – 20　年龄与参与能力的单因子方差分析

		平方和	自由度	平均平方和	F	显著性
受过良好教育	组间	53.651	6	8.942	7.625	0.000
	组内	622.700	531	1.173		
	总和	676.351	537			
分配一定时间	组间	19.954	6	3.326	2.728	0.013
	组内	647.438	531	1.219		
	总和	667.392	537			
具有知识、技术	组间	61.384	6	10.231	6.351	0.000
	组内	855.339	531	1.611		
	总和	916.723	537			
有能力保护	组间	10.371	6	1.728	1.090	0.367
	组内	842.016	531	1.586		
	总和	852.387	537			

表 6 – 21　受教育程度与参与能力的单因子方差分析

		平方和	自由度	平均平方和	F	显著性
受过良好教育	组间	83.050	6	13.842	12.388	0.000
	组内	593.302	531	1.117		
	总和	676.351	537			
分配一定时间	组间	37.103	6	6.184	5.210	0.000
	组内	630.289	531	1.187		
	总和	667.392	537			
具有知识、技术	组间	52.664	6	8.777	5.394	0.000
	组内	864.059	531	1.627		
	总和	916.723	537			
有能力保护	组间	11.708	6	1.951	1.233	0.288
	组内	840.679	531	1.583		
	总和	852.387	537			

表 6 – 22   平均月收入与参与能力的单因子方差分析

		平方和	自由度	平均平方和	F	显著性
受过良好教育	组间	8.400	5	1.680	1.338	0.247
	组内	667.951	532	1.256		
	总和	676.351	537			
分配一定时间	组间	5.721	5	1.144	0.920	0.468
	组内	661.671	532	1.244		
	总和	667.392	537			
具有知识、技术	组间	9.788	5	1.958	1.148	0.334
	组内	906.935	532	1.705		
	总和	916.723	537			
有能力保护	组间	11.509	5	2.302	1.456	0.203
	组内	840.877	532	1.581		
	总和	852.387	537			

总体来看，不同性别、年龄与收入水平的受访者在参与保护倾向上没有显著差异，但是受教育水平不同的受访者对于参与保护倾向有着显著的差异。然而，本书发现个人的背景属性对参与能力有一定的影响。表 6 – 19 至表 6 – 22 的结果显示，年龄以及受教育程度不同的受访者在参与能力上有显著的差异，而不同性别、收入水平的受访者在参与能力上没有显著差异。但在性别方面，研究发现女性比男性更多地认为自己有能力保护遗产。运用 Scheffe 法进行事后多重比较检验，发现 56 岁以上的受访者与 35 岁以下的受访者在"受过良好教育"和"具有知识、技术"方面有显著差异，35 岁以下的受访者较多受过一定的教育，在知识、技术方面胜过年长者；受教育程度在高中及以上的，在"受过良好教育"和"具有知识、技术"方面明显高于教育程度在高中以下的受访者。这就意味着不同年龄层以及不同教育背景的人，其参与遗产保护的能力有所不同。

本章小结

本章主要是对个人因素对参与遗产保护的影响进行实证研究。该研究根据理论文献作出了 11 个假设，主要运用描述性统计分析、信度分析、T检验以及单因子方差分析、探索性因子分析、验证性因子分析等方法，并结合概念模型的整体拟合检验对这些假设进行验证。研究后发现个人因素与人们参与保护倾向之间有着紧密的联系，个人因素直接影响着人们是否参与以及参与的程度，研究的主要结论如下：

（1）个人因素中，权利意识、遗产保护责任意识以及参与能力对公众参与保护倾向有显著影响，但是遗产认知对于参与保护并无显著影响。因此，要激励公众参与遗产保护，可以从增强公众的权利意识和责任意识方面着手，而权利意识和责任意识都是公民意识的重要组成部分，归根到底，就是要创造条件，营造良好的政治氛围，不断培养与提高公民意识。

（2）遗产认知虽然不会直接影响公众参与保护的行为倾向，但是遗产认知却与权力意识、遗产保护责任意识和参与能力之间呈正相关关系，尤其是对遗产的认知越清晰、越深刻，遗产保护责任意识则会越强烈。因此，可以通过各种方式，如媒体宣传、学校教育、社区讲座等，让更多的公众认识遗产，了解遗产，理解遗产所蕴含的科学价值、历史文化价值、美学价值等，从而间接激励他们参与遗产保护活动。

（3）参与能力与权利意识、遗产保护责任意识之间呈正相关关系，权利意识和遗产保护责任意识之间也存在着正相关关系。当人们意识到遗产保护的使命感和责任感，并清楚地知道自己享有一定的监管权利时，就可能会努力提高自己的参与能力，以便让自己更好地参与遗产的保护工作。

（4）个人背景属性中，不同性别、年龄与收入水平的受访者在参与保护倾向上没有显著差异，但是受教育水平不同的受访者在参与保护倾向上有显著的差异。受教育程度越高，参与保护的意愿就越强。个人背景属性对参与能力有一定的影响，年龄和受教育程度不同的受访者在参与能力上有显著的差异，年龄大于 56 岁的受访者参与能力不及 35 岁以下的；而受教育程度在高中及以上的受访者的参与能力会明显高于初中及以下的。不同性别、收入水平的受访者在参与能力上没有显著差异。但在性别方面，研究发现更多的女性认为自己有能力保护遗产。据此，在选举参与代表时，除了要考虑人选的代表性外，还要考虑代表的性别、年龄与受教育程度，应争取让更多有意愿且有参与能力的公众参与遗产保护工作。

公众参与遗产保护的激励机制与实现路径

7.1　制度与激励

7.1.1　制度与制度创新

受凯恩斯主义的影响，激增的政府干预和日益政治化的经济生活导致了许多无法预料的后果，较低的经济增长速度，人们对公共政策越来越多的不满与抱怨，这使得越来越多的政策制定者日渐意识到"制度"的重要性，在此背景下，新制度经济学产生并在经济运行过程中发挥着越来越大的作用。新制度经济学运用正统经济理论分析制度的构成和运行，并发现这些制度在经济体系中的地位和作用。

制度规定着人们的思维方式，制约着人们的行为。《辞海》对"制度"一词的首个解释是指要求成员共同遵守的、按统一程序办事的规程。旧制度经济学家凡勃伦认为，"制度实质上就是个人或社会对有关的某些关系或某些作用的一般思想习惯"①，这个定义在一定程度上揭示了制度的非正式规则。新制度经济学家诺思则认为，制度是一个社会的博弈规则，它们是人为设计的、是对人们互动关系的约束。制度构建了人们在政治、社会或经济领域里的秩序，能够对人们的行为产生规范影响，降低交易成本，为个人选择提供激励系统，减少不确定性，约束主体的机会主义行为，减少外部性，使人们的行为更可预见。

在诺思看来，制度由正式规则、非正式制度以及实施机制的有效性三个部分构成。正式规则也称为硬制度，是人们有意识建立起来的并以正式方式加以确定的各种制度安排，包括政治规则、经济规则和契约，以及由这一系列规则构成的一种等级结构，它们共同约束着人们的行为。非正式制度则是指人们在长期的社会生活中逐步形成的对人们行为产生非正式约束的规则，如习惯习俗、伦理道德、文化传统、价值观念、意识形态等，也称为软制度。制度是否有效，除了与正式和非正式的制度完善程度有关，还要看制度的实施机制是否健全。实施机制的有效性制约着制度效用

---

① 凡勃伦. 有闲阶级论［M］. 北京：商务印书馆，1964：139.

的发挥。检验制度实施机制是否有效（或是否具有强制性）主要看违约成本的高低。制度能够规定人们行为的方向，改变人们的偏好，影响人们的选择，它具有激励的功能，往往通过提倡什么、鼓励什么或压抑什么的信息传达出来，利用奖励或惩罚的强制力量得以执行，但不同的制度产生的激励效应并不相同。一般来说，通过制度化而形成的激励机制能够有效地激发人们的正面行为。

制度创新是社会规范体系的选择、创造、新建和优化的通称，包括制度的调整、完善、改革和更替等。由于个人、社团和政府都企图从宏观上谋取经济、政治和社会的最大收益，减少实施成本和摩擦成本，从微观上对不同主体的行动空间及其权利、义务和具体责任进行界定，有效约束主体行为，缓解社会利益冲突，这就产生了制度创新的原动力。

综上所述，制度具有重要的作用，其效用的发挥既需要正式和非正式制度的完善，也需要健全制度的实施机制，提高实施机制的有效性，并注意对制度进行创新，以达到既定目的。

我国在遗产保护公众参与方面制定了相应的法律法规，保障了公众参与的权利（见表7-1）。但是，这些法律法规中对公众参与大多只是提出原则性的规定，至于如何落实到具体的操作中，则未有体现。缺乏程序化、制度化的参与，公众往往无所适从，使得"公众参与"多停留在口号、概念上，或是流于形式。实践证明，合理的制度安排能够对人们的行为产生一定的激励作用。因此，需要加强公众参与遗产保护的制度建设，对现有制度进行创新，以激励公众积极参与国家的遗产保护工作，促进遗产的可持续发展。

表7-1 我国遗产保护公众参与相关法律法规及公众参与的体现

时间	法律法规	公众参与的体现
1954	《中华人民共和国宪法》	第二条：中华人民共和国的一切权力属于人民。人民行使国家权力的机关是全国人民代表大会和地方各级人民代表大会。人民依照法律规定，通过各种途径和形式，管理国家事务，管理经济和文化事业，管理社会事务。这一规定赋予了人民参与遗产保护和管理的宪法权利

（续上表）

时间	法律法规	公众参与的体现
1956	《国务院关于在农业生产建设中保护文物的通知》	强调"必须发挥广大群众所固有的爱护乡土、革命遗址和历史文物的积极性，加强领导和宣传，使保护文物成为广泛的群众性工作"
1982	《中华人民共和国文物保护法》	规定对有"为保护文物与违法犯罪行为作坚决斗争"以及"在文物面临破坏危险的时候，抢救文物有功"等事迹的单位和个人，由国家给予精神鼓励或者物质奖励
1987	《关于进一步加强文物工作的通知》（国发〔1987〕101号）	提出"贯彻执行《中华人民共和国文物保护法》，必须依靠广大人民群众"；"要全社会提倡'保护文物，人人有责'的新风尚"；"把执行党和国家保护文物的政策变为广大群众的自觉行动"
1997	《关于加强和改善文物工作的通知》（国发〔1997〕13号）	提出建立"国家保护为主并动员全社会参与的文物保护体制"
2005	《国务院关于加强文化遗产保护的通知》（国发〔2005〕42号）	强调相关重大建设项目，必须建立公示制度，广泛征求社会各界意见
2008	《历史文化名城名镇名村保护条例》	规定历史文化街区保护范围内的有关建设，应当经过专家论证、举行公示或听证的程序，征求公众意见
2009	《文物认定管理暂行办法》	首次赋予公民申请认定文物的权利，并通过行政复议、申请仲裁、召开听证会等一系列机制，保障这一权利的有效行使

资料来源：由笔者整理。

7.1.2　激励与激励机制

美国管理学家贝雷尔森（Berelson）和斯坦尼尔（Steiner）给激励下的定义是"一切内心要争取的条件、希望、动力等都构成了对人的激励。……它是人类活动的一种内心状态。"托马斯·S. 贝特曼指出"激励是鼓舞、指引和维持个体努力行为的驱动力"。哈德罗·孔茨和海因茨·韦里克则认为，激励是为满足一种欲望或达到一种目标的动力和努力（张正河、陆娟，2003）。

在内外各种因素的刺激下，人们产生期望或动机，从而产生一种紧张感，在期望或动机的驱动下人们会采取某种行为以实现目标。若目标实现，则不再产生动力，会出现新的需要；若目标没有达到，则会遭受挫折，从而采取更为积极的行动或是消极行为（图7-1）。在激励过程的循环中，能否找到适当的刺激因素相当关键。由此可见，激励是一种内在驱动力，它能够促使人们为满足需要或达到目标而产生实现目标的特定行为。

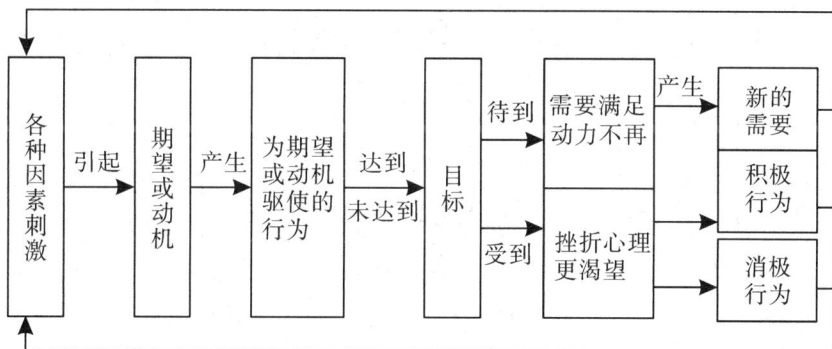

图7-1　激励过程

资料来源：赵丛勋. 论激励机制理论在中国公共部门管理中的应用 ［D］. 北京：中国政法大学，2008：5.

激励机制是以制度的形式来规范激励主体与激励客体二者间的关系，以此来引导激励客体的行为和观念，以实现激励主体的目标。就公众参与遗产保护激励机制而言，政府管理部门是激励的主体，公众是激励的客体，政府管理部门通过采取一定的激励措施，引导公众的价值观念和行为方式，使公众受到激励，产生共同参与遗产保护的特定行为，实现组织的目标。构建公众参与遗产保护激励机制，首先要了解能够对公众产生保护动机的各种内外刺激因素及刺激的效力，在此基础上，选择合适的激励物对公众参与行为进行激励，以取得良好的激励效果。

公众参与遗产保护是需要激励的。因为，遗产是一种非排他性、非竞争性的公共资源，公众应齐心协力共同保护好这些遗产，但是在实践中却往往出现"集体行动困境"。正如曼瑟尔·奥尔森（Mancur Olson）所说，"当许多人有着共同的或集体的利益时——当他们共有一个目的或目标时——个人的无组织行动或者根本不能促进共同利益，或者不能充分地促进共同利益"[①]。这是因为集体行动的结果是公共物品，而所有人不论其以前是否参与了遗产保护，都可以从中受益，因此每个人都会预期其他人会尽力保护，而自己可以不必为此作出贡献。这就是所谓的"搭便车"现象。在遗产保护方面，不少人都有"搭便车"的心理，因此，就需要针对不同公众的特点，采用某些"选择性激励"，激励公众积极参与遗产保护。

7.2 公众参与遗产保护的激励因子与激励模型

7.2.1 公众参与遗产保护的激励因子分析

根据第 5 章中公众参与遗产保护的动力与阻力分析，可以将公众参与遗产保护的激励因子分为内在激励和外在激励。内在激励指人们自身产生的、发自内心的一种激励参与保护的力量，而外在激励则是指人们受到内心之外的，来自外部的各种条件的刺激，如支持、奖励等而产生的激励力量促使人们积极参与遗产保护。内在激励和外在激励又可分为正面的激励和负面的激励，正面的激励会促使激励客体产生符合激励主体要求的正面行为，而负面的激励则会偏离激励主体的目标，产生消极的行为。图 7 - 2 显示的是公众参与遗产保护的内在正面激励因子（A）、内在负面激励因

---

① 埃莉诺·奥斯特罗姆. 公共事物的治理之道——集体行动制度的演进［M］. 余逊达，陈旭东，译. 上海：上海三联书店，2000：64.

子（B）、外在正面激励因子（C）以及外在负面激励因子（D）。

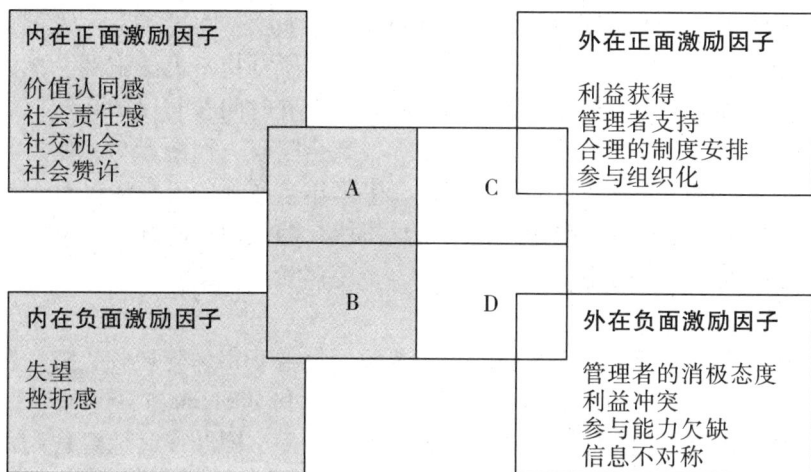

图7-2 公众参与遗产保护的四种复合激励因子

资料来源：李胜.基于旅游视角的非物质文化遗产传承激励机制研究——以传统手工艺技能为例［D］.杭州：浙江工商大学，2008：39.

1. 内在激励因子

内在激励因子中正面激励因子主要包括价值认同感、社会责任感、社交机会以及社会赞许。前两者在第5章中已论述，在此不再赘述。人们在社会生活中总是要与其他人发生相互关系，良好的人际关系会让人产生愉悦感，增加自信心。公众参与遗产保护，会接触到许多不同领域的人，有利于结交朋友，增强社会交往能力，增加人脉，因此，参与遗产保护工作间接带来的社交机会能够激励公众的参与保护行为。由于参与遗产保护所得到的社会赞许也容易使人们产生保护遗产的行为意向和行动。目前大众媒体不断地呼吁大家参与遗产保护，并且在舆论上逐渐达成了一种共识，即参与保护的行为应得到尊重与表扬。当人们预期参与遗产保护可以得到社会的认可，获得一定的荣誉和声誉时，就会进一步认识到参与工作的重要意义，从而受到鼓励，积极参与遗产保护活动。

内在激励因子中负面激励因子主要包括失望和挫折感。前者已经在第5章中论述过。一般来说，挫折感是指个体从事有目的的活动，在环境中遇到障碍或干扰，使其需要和动机不能获得满足时的一种情绪状态，是一种社会心理现象。引起挫折的因素很多，对于遗产保护而言，这些因素主要包括社会、环境以及个人等方面的客观条件的限制。如目前我国缺乏公众参与的政策、法律等方面的可操作性措施。此外，如果身边"搭便车"的人很多，大家的公共精神缺失，也容易使人感觉抱负无法施展。挫折也有可能来自个人的各种客观条件的限制，如没有时间参与保护活动，或是自己不具备遗产保护的相关专业知识等，都会阻碍人们的参与，使人们产生一种挫折感。在调研过程中发现，开平碉楼遗产地的不少居民对于参与遗产保护都表现出不同程度的失望与挫折感，随之而来的则是一种对参与的漠然态度和逃避行为。

2. 外在激励因子

外在激励因子中正面激励因子主要包括利益获得、管理者支持、合理的制度安排、参与组织化等。Hazlitt（1964）和 Boulding（1969）认为有三种途径能使人们为他人利益而努力：①出于爱、团结或其他各种利他主义而努力有益于他人。②受到胁迫，胁迫者以对他们使用暴力（命令）相威胁。③他们按其自己的自由意志行动，但出于明智的自利动机，因为他们预期能获得充分的回报①。第一种动力机制发生作用的范围主要是诸如家庭、朋友圈子之类的小群体，对于大群体的协调不起作用；第二种动力机制依赖强制，但受强制的人们可能采取偷懒或敷衍塞责的行为；第三种动力机制是自利，人们可能会在自私地追求自己目标的时候，产生意外的"副产品"，而这些"副产品"则可能是对公共利益有利的公共物品。这种动力机制的效果在实践中是显著的，但需要有各种制度来约束与激励。因此，作出合理的制度安排，保障参与者的利益，能够从正面激励公众的参与行为，并能有力地强化该行为。此外，相关部门的管理者的支持，包括政策支持和行动支持，如出台鼓励公众参与的相关法规制度，积极倡导公众参与行为，并对参与行为给予一定的支持与奖励，则会极大地促进公众参与行为的产生。个人的力量是弱小的，通过设立一些社会组织，人们可以通过加入社会组织来参与保护活动，会有一种组织认同感和集体力量感，从而在心理上产生一种安全感，能够更好地发挥参与的作用。因而，参与组织化在一定程度上也能够激励公众的参与行为。

外在激励因子中负面激励因子主要包括管理者的消极态度、利益冲

---

① 转引自柯武刚，史漫飞. 制度经济学——社会秩序与公共政策［M］. 韩朝华，译. 北京：商务印书馆，2002：73.

突、参与能力欠缺和信息不对称。前三者可参见第 5 章内容。公众参与遗产保护中，存在着严重的信息不对称现象。遗产的管理者往往掌握着大量的关于遗产方面的信息，但是公众却只能从网络、报纸、电台、电视台等媒体中获得一些相关信息，且这些信息有时候未经加工，准确性不高。一些关键的、核心的信息，如遗产的保护规划、开发规划等，公众往往难以接触到，这就给公众参与保护设置了障碍，使得参与意向和参与行为逐渐弱化、退却。

激励公众积极参与遗产保护，并使他们的参与行为得到强化，需要多运用内外的正面激励因子，并且降低负面激励因子的功效。

7.2.2 公众参与遗产保护的激励模型

陈光潮和邵红梅（2004）认为激励模型必须具有整体性、相关性、层次性、有序性，是由相互联系、相互作用的激励要素结合在一起，并与激励环境作用的有机体。根据他们在弗隆模型和波特—劳勒激励模型基础上构建的"改进的系统激励模型"，本书构建了公众参与遗产保护的激励模型（如图 7 - 3 所示）。

该激励模型充分考虑了激励因子对参与保护行为的激励作用，重视内外在奖励以及公平程度对公众满意度的影响，激励的最终目的是公众获得满意感，从而进一步增大正激励，强化参与保护的行为。在一定的激励环境下，激励因子可分为内在激励和外在激励（如图 7 - 2 所示），正激励能够促使激励客体的行为朝向并符合激励主体的预期行为，并强化该种行为；而负激励则会产生消极行为，人们在负激励的刺激下将消极参与保护或无参与。如果内外的正面激励大于负面激励，就会产生正激励；若小于负面激励，则产生负激励。人们参与遗产保护活动之后，会希望得到一定的奖励，这些奖励包括内在奖励，如荣誉、良好的声誉等精神方面的奖励；外在奖励则包括奖金、奖品等物质方面的奖励，奖励需要将精神与物质两方面结合起来。亚当斯的公平理论告诉我们，人们总是会对自己的报酬进行横向或纵向的比较，若比较的结果是公平的，则产生满意感，若感觉不公平，则会改变自身的行为，激励的作用将会减弱甚至是无效激励。因此，在遗产保护激励过程中，要注意内外奖励的公平程度，避免人们因感到不公平产生失望或挫折感，从而不愿参与遗产保护。

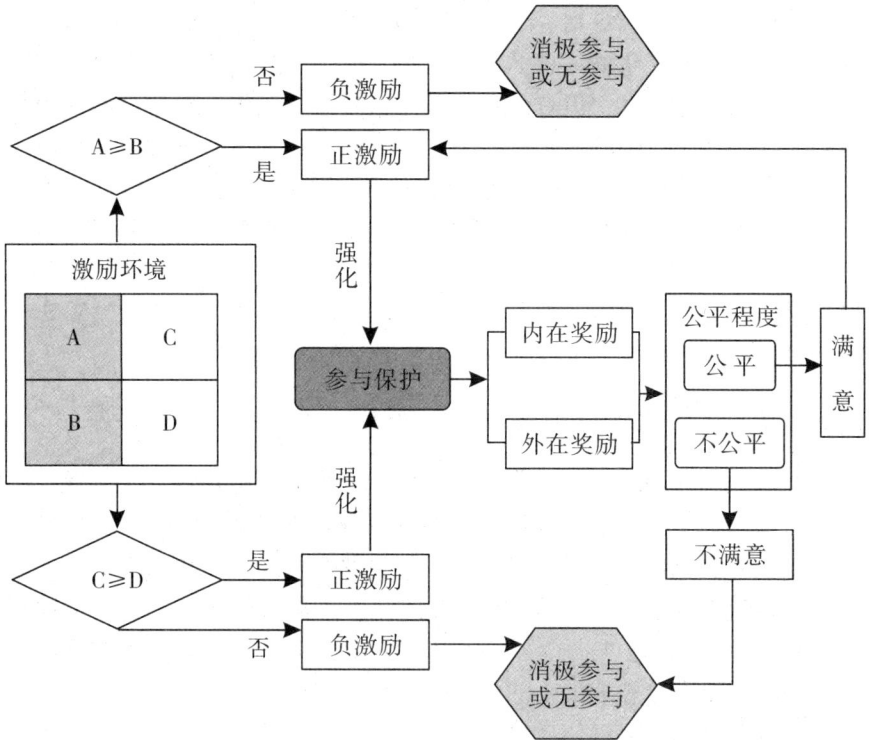

图 7 - 3 公众参与遗产保护激励模型

资料来源：根据陈光潮，邵红梅．波特—劳勒综合激励模型及其改进 ［J］．学术研究，2004（12）：41 - 46 构建"公众参与遗产保护激励模型"。

公众参与遗产保护激励模型强调既要重视激励环境的建设与改善，增强正激励，减弱负激励，又要注意对人们参与保护的行为给予一定的奖励。无论是内在奖励还是外在奖励，都要求尽量保证公平性，以便参与者产生满意感，从而使正激励的力量得到增强，参与行为得到强化。

7.3 公众参与遗产保护的激励机制设计

公众参与遗产保护激励机制是在对现有制度进行分析的基础上，由一系列合理化的制度安排组成，激励主体可从精神、物质等方面对公众进行激励，鼓励其积极参与遗产保护，并强化这种参与行为。激励主体主要是指我国中央政府和遗产地地方政府。有效合理的激励机制需要具有五大要素：方向和目标；以一定的方式即激励模型为载体；模型的体系包括激励的主客体、激励的要素、激励的环境；激励的结果包括有效激励与无效激励；激励的实质是组织目标的实现（陈光潮、邵红梅，2004）。公众参与遗产保护的激励机制设计的总体原则是突出"公平性、系统性、有效性"，即要在保障遗产保护公众参与权的基础上，减小参与阻力，增大参与的动力，尽可能让正激励大于负激励，作出系统性的制度安排，逐渐实现遗产保护公众参与的程序化、科学化和制度化，使公众从"要我参与"转变为"我要参与"，从而实现有效激励。

7.3.1 公众参与遗产保护的激励机制

公众参与遗产保护的激励机制主要包括权利保障机制、利益表达机制、利益分配机制、信息反馈机制以及监督管理机制。

1. 权利保障机制

公众参与遗产保护的权利保障机制是指在法律法规框架下保障公众的遗产知情权、遗产保护参与权、意见和利益表达权、管理监督权以及司法公诉权（图7-4）。公众只有被赋予更多的参与权利，才能充分发挥其参与的效力。蔡定剑指出，以选举为基础的对公民负责任的代议政府、政府信息公开和透明化程度高以及公民社会的存在是形成有效公众参与的三个基本条件。[1]

---

[1] 蔡定剑. 公众参与：风险社会的制度建设 [M]. 北京：法律出版社，2009：20-21.

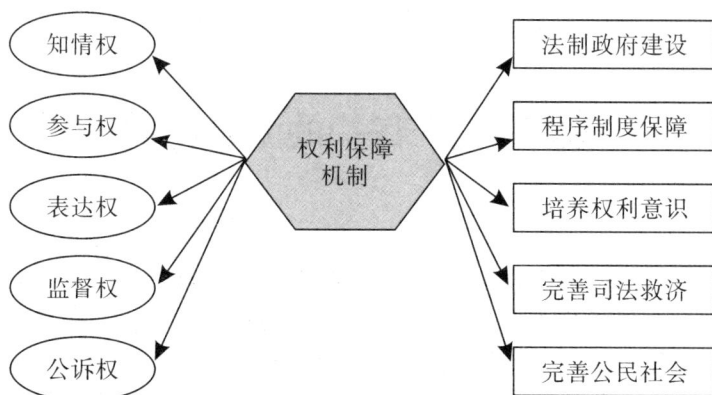

图7-4　公众参与遗产保护权利保障机制

公众对遗产的情况了解得越多，相关信息掌握得越充分，就越能发挥他们的参与作用。调查结果显示，碉楼遗产地居民首选互联网作为了解遗产保护和管理情况的途径与渠道，24.9%的受访者表示互联网具有及时性、方便性，而且在一定程度上报道更接近事实。排名第二的是传统媒介的电视和收音机（20.4%）。值得注意的是，"参加遗产保护相关部门的有关会议（听证会、咨询会、专题讨论会等）"（16.6%）排名第三。在访谈中，受访者表示，只要有时间，他们更愿意参加听证会，这说明听证会这一体现民主的工具正在发挥着越来越大的作用，也日益获得了更多人的青睐。排名第四的是"专门发放的资料册"（14%）。至于新闻发布会（8.7%）、公告或通知（8%）、亲朋好友告知（5.7%）和其他的方式（1.7%）选择者则相对较少。要充分保障公众的知情权，可以利用他们最喜爱以及最常用的途径与渠道，对遗产相关情况作出说明与公示。

此外，要加强法制政府建设，用程序制度切实保障公众的合法参与权。完善公民社会，通过各种形式培养公民的权利意识，让公民知道参与遗产保护是法律赋予他们的权利，同时也是一种责任与义务。在我国，只有遗产直接利益相关者才有权提起公诉，其他人不能直接提起公诉，只能向有关部门投诉，这极大地削弱了公众监督遗产管理的力度。因此，应完善司法救济，保障公民的公诉权。遗产保护公众参与的权利保障要求从制度文本到现实实现的机制保障上，通过相应措施和资源配置保证公众参与的各项权利。

2. 利益表达机制

所谓利益表达，是指公众通过一定的渠道和方式向公共权力机关表达自身利益要求，以影响相关决策，使自身利益得到满足的过程。在承认个体正当利益的基础上，利益表达机制允许利益表达主体通过正常合法的方式和渠道表达自己的利益需求，主要包括利益表达主体、利益表达客体、利益表达渠道和利益表达方式。遗产保护的利益表达主体主要是指与遗产有关的利益相关者，既可以是个人，也可以是团体；利益表达的客体是遗产管理相关部门；利益表达渠道是利益表达主体向遗产管理部门表达自身利益诉求的途径和中介物；利益表达方式是指利益表达主体将自己的利益诉求通过某种方式向利益表达客体表明的一种行为。一个科学合理的利益表达机制要求清晰界定利益表达主体，明确利益表达客体，利益表达渠道要顺畅，利益表达方式要多元化。

公众参与遗产保护实际上是不同利益群体参与遗产保护，体现的是不同利益群体的利益及要求如何在遗产保护进程中进行表达的问题。要激励公众积极参与遗产保护，首先需要构建一个各利益相关者自由表达各自利益诉求的沟通平台，创立平等、足够的对话空间，给遗产的利益相关者，尤其是弱势群体提供充分发表意见的机会；其次，要认真倾听利益相关者的意见，包括社会各方的声音；再次，要不断拓宽利益表达渠道，清除利益表达障碍，引导公众采用理智的利益表达方式，减少使用情绪的利益表达方式。可以通过座谈会、听证会、讨论会、民意调查、展示和咨询等形式让公众充分表达其意愿，要特别注意避免这些形式被权威操控，使参与方式失去作用，流于形式。在开平碉楼遗产保护过程中，也采用了座谈会、讨论会等形式，有利于遗产核心利益者——当地村民表达利益诉求。但是，这些座谈会、讨论会往往是选举村民代表参加，代表是否具有代表性，是否能够体现民意，则备受质疑。在调研过程中，锦江里一村民告诉我们，一般这些会议都由村主任参加，而有时候村主任根本都不告诉他们会议的内容和会议讨论的结果，他们对村主任不信任，因此也不关心公共事务。可见，必须广开渠道，让公众能够充分地、自由地表达自身的利益诉求。利益表达机制的关键在于利益表达的制度化和程序化，要求用法律等形式保证公众的利益表达诉求。

3. 利益分配机制

为了解决"搭便车"的问题，奥尔森（1965）提供了三种选择性激励机制：一是"小组织原则"，组织规模越小，越容易觉察个人是否参与了，也就越容易作出惩罚或奖励；二是"组织结构原则"，很大的组织需要分层，以便成员间互相监督，衡量每个人的参与贡献；三是"不平等原则"，即必须让参与者，所作贡献多的人获得更多的荣誉和权利，而不能在利益、权力和分配上搞平均主义。利益是遗产相关者采取保护行为的根本动力。人们在参与遗产保护过程中，会投入一定的成本，如时间、精力等，他们也要求获得一定的利益，并期望所获得的利益能够大于投入的成本。如果忽略了遗产利益相关者的利益需求，一味地要求他们奉献，必将很难激励他们参与保护。因此，需要重视利益对于促进公众参与的正面积极作用，制定科学的利益分配机制，并尽可能保证利益分配的公平性，即人人平等，公平分享利益是利益分配的基本原则。应注意，利益相关群体未必是利益相同的群体，他们的利益也可能是相互冲突的。如何分配利益是一个关键的问题，平均主义无法激励公众积极参与，而缺乏利益，公众参与的积极性也会降低。自力村因旅游开发，给村民增加了一定的经济收入，与其他村落相比较而言，该村村民对于参与碉楼遗产保护的热情是最高的。开平碉楼产权性质复杂，尽管目前并没有太大的利益分配冲突，但是随着旅游开发的深入，碉楼业主的利益、村民的利益、游客的利益、国家的利益等如何保障与分配，将是一个突出的问题，需要引起管理者的高度重视，并为之设计一个既能体现利益分配公平性，又能体现激励性的利益分配机制。

4. 信息反馈机制

信息反馈机制是指政府相关部门对于公众的意见与建议应及时作出回应和信息反馈。在调研中发现，其实不少村民都十分关心遗产的保护与管理情况，他们也曾就相关问题提过建议与意见，但是令他们感到失望的是，不仅建议没有得到采纳，而且所提意见往往是"石沉大海"，甚至连一点涟漪都没有泛起。因此，很多村民都有一种挫折感，以至于再让他们提意见的时候，他们常常是抱着怀疑的态度，或者是消极参与。公众的参与积极与否往往取决于参与的能效。若公众认为自己的意见或建议能得到采纳，或在一定程度上影响了决策的制定时，就会有较高的参与热情；反之，就会对参与保护产生某种程度的"冷淡"，长此以往，则会逐渐失去对遗产管理部门的信任和信心，参与的热情与意识也会逐渐褪去。因此，需要建立遗产管理部门与公众对遗产有关信息的互动回应机制，秉承包容性、及时性、可达性以及透明性原则，加强遗产管理部门对公众需求的反应能力和回应性。对于公众所提出的意见，若不能采用，需要通过合适的方式，如信件、谈话、公告等形式告知提意见者，作出相应的解释。此外，还应建立问责机制，对那些敷衍、推诿的责任人，作出相应的处置。

5. 监督管理机制

制度设计得再好，如果执行不利，则很难实现成效。制度要有效能，总是隐含着某种对违规的惩罚。若制度执行得好，应予以表彰；若制度被消极执行，或是阳奉阴违，则应处以相应的惩罚。监督管理机制，即明确公众对遗产的监督权利和义务，并使这种权利和义务能够得到实现。监督管理机制要求做到"天子犯错，与庶民同罪"。实践证明，对公众参与的相关机制与制度的执行情况进行监督控制，实施赏罚，可对公众产生较强的激励作用。在监督管理方面，可以积极发展社会组织，如非政府组织等，积极引入第三方的组织力量介入监督活动。

7.3.2 激励主体对激励客体的激励行为

对权力主体的激励应侧重于通过增加预期收益的方式来诱导其为了增进公益而积极行使公共权力，实施更为有效的公共管理、提供更为周到的公共服务，为公民权利的全民行使提供良好的法治环境；而激励权利主体则主要是通过增加特定权利主体策略选择中预期收益的方式来解决公民政治参与冷漠问题，并间接地制约权力滥用，保证公共权力的规范运作。现实中，无论是我国中央政府抑或是遗产地方政府，还是公众，都需要一定程度的激励，以鼓励他们积极参与遗产保护，促进遗产的可持续发展。囿于研究对象以及篇幅的限制，本书主要关注的是政府，尤其是遗产地地方政府对遗产利益相关者的激励行为所引发的公众参与保护行为。第4章已经对遗产利益相关者进行了界定，并分析了他们各自的利益诉求。激励客体应是以遗产地社区居民为核心，涵盖遗产各利益相关者。本小节将仅分析政府这一激励主体对社区居民、旅游企业、社会组织、大众媒体以及普通公众等激励客体采取的有效激励行为。

1. 社区居民

社区居民与遗产有着紧密的联系，是遗产的关键利益相关者。就开平碉楼遗产而言，碉楼是当地居民用以居住、防御洪水或盗贼的建筑物，当地居民是碉楼的缔造者，同时也是华侨文化的载体与传承人，是保持碉楼建筑特色以及华侨文化鲜活的源泉，离开他们，碉楼文化就成为无土之木、无源之水。许多研究者都强调社区居民参与遗产保护以及遗产旅游规划、开发与管理的益处。因为社区居民对当地的历史文化较为了解，他们是最易受到遗产保护和遗产开发影响的人，此外，他们本身也希望成为旅游产品的一个组成部分（Nyaupane，Morais & Dowler，2006）。没有当地利益相关者的参与，遗产不可能获得较好的长期保护，因此，应提倡社区居民介入以减少保护和开发的冲突（Wells & McShane，2004）。大量的研究显示，给社区居民增权（empowerment）将会激励他们积极参与保护工作。增权是由权力（power）、无权（powerless）、去权（disempowerment）以及增强（empowering）等核心概念建构而成，权力是增权理论的基础概念，而去权则是指社会中的某些社群权力被剥夺（左冰、保继刚，2008）。斯彻文思（Scheyvens，1999）提出旅游发展中的社区增权主要包括经济增权、心理增权、社会增权以及政治增权四个方面（表7-2）。

表7-2　旅游发展中社区增权的四维框架

维度	增权	去权
经济增权	旅游为当地社区带来持续的经济收益。发展旅游所赚来的钱被社区许多家庭共同分享，并导致生活水平的明显提高（新建给水系统、房屋更耐久）	旅游仅仅导致了少量的、间歇性的收益。大部分利益流向地方精英、外来开发商、政府机构，只有少数个人或家庭从旅游中获得直接经济收益。由于缺少资本或适当的技能，其他人很难找到一条途径来分享利益
心理增权	旅游发展提高了许多社区居民的自豪感，因为他们的文化、自然资源、传统知识的独特性和价值得到外部肯定。当地居民日益增强的信心促使他们进一步接受教育和培训。就业和挣钱机会可获得性的增加导致处于传统社会底层的群体，如妇女和年轻人的社会地位提高	许多人不仅没有分享到旅游的利益，而且还面临着由于使用保护区资源的机会减少而产生的生活困难，他们因此而感到沮丧、无所适从，对旅游发展毫无兴趣或悲观失望
社会增权	旅游提高或维持着当地社区的平衡。当个人和家庭为建设成功的旅游企业而共同工作时，社区的整合度被提高。部分旅游收益被用于推动社区发展，如修建学校或改善道路交通	许多社区居民受外来价值观念的影响，失去了对传统文化的尊重。弱势群体特别是妇女承受了旅游发展带来的负面影响，不能公平地分享收益。个人、家庭或社会经济群体不仅不愿合作，还为了经济利益而相互竞争，彼此憎恨、妒忌成为常态

（续上表）

维度	增权	去权
政治增权	社区的政治结构在相当程度上代表了所有社区群体的需要与利益，并提供了一个平台供人们就旅游发展相关的问题以及处理方法进行交流。为发展旅游而建立起来的机构处理和解决不同社区群体（包括特殊利益集团如妇女、年轻人和其他社会弱势群体）的各种问题，并为这些群体提供被选举作为代表参与决策的机会	社区拥有一个专横的或以自我利益为中心的领导集体。为发展旅游而建立起来的机构将社区作为被动的受益者对待，不让他们参与决策，社区的大多数成员感到他们只有很少或根本没有机会和权力发表关于是否发展旅游或应该怎样发展旅游的看法

资料来源：SCHEYVENS R. Ecotourism and the empowerment of local communities ［J］. Tourism management，1999，20：pp. 245 - 249. 转引自左冰，保继刚. 从"社区参与"走向"社区增权"——西方"旅游增权"理论研究述评［J］. 旅游学刊，2008，23（4）：58 - 63.

社区居民的增权在我国需要政府管理部门让渡权力，并且用制度的形式加以保障。有效的当地社区增权还需要通过知识和建议的传递，以及提高利益相关者参与到决策过程的可能性。此外，明确产权安排、保证合理的利益分配、改善居住环境、提供就业机会也可以对社区居民参与保护产生一定的激励作用，尤其是产权的明确。产权包括三种：一是使用资产或资源的权利，二是从资源或资产中获益的权利，三是永久转让有关资源所有权的权利（刘旺，杨敏，2005）。开平碉楼遗产产权性质较为复杂，碉楼属于碉楼业主，目前部分碉楼通过"委托"的形式由开平市政府代为管理，但是要从法律法规等制度上进一步明确这些碉楼的产权，保障碉楼业主的权益，打消他们担心碉楼被政府没收的疑虑，他们才能更积极地参与到遗产保护中来。

2. 旅游企业

对于旅游企业而言，保护遗产并不是他们的第一要义，他们的根本目的是追求企业经济利益的最大化。但是根本目的的实现有赖于遗产旅游资源的保护。这就使旅游企业的经济行为与遗产保护行为之间产生了相互依赖的关系。然而，由于遗产资源公共产品具有强烈的外部性，旅游企业对遗产保护的投资回报并不完全由他们获得，而他们的过度开发行为所带来的后果也并不完全由他们来承担，因此，他们倾向于最大限度地开发遗产资源，以获取经济利益，却将遗产保护的责任推脱给政府，自己则希望能够"搭便车"，坐享其成。外部性的存在是由于缺乏明确的产权与收益分配机制。对旅游企业的激励，应考虑两个方面。一方面是正激励，即推行公平合理的收益分配机制，通过给予企业在税收方面的一定优惠，或是在融资方面给他们提供便利，通过教育培训让企业管理者意识到他们的社会责任等，鼓励他们的积极参与行为；另一方面，可以利用负激励，如批评、警告、经济处罚等，对旅游企业的消极参与行为或破坏遗产资源的行为给予相应的批评和惩罚，使之减弱和消退，抑制这种行为。对于旅游企业，适宜采用遗产保护激励、约束机制，一方面，积极引导他们参与遗产保护，而另一方面则运用经济手段和行政手段等约束他们的经营行为，避免遗产资源破坏的情况发生。

3. 社会组织

社会组织有狭义和广义之分，广义的社会组织是指人们从事共同活动的所有群体形式，包括氏族、家庭、政府、军队和学校等；而狭义的社会组织是指为了实现特定的目标而有意识地组合起来的社会群体，如企业、社会团体等，它只是人类组织形式中的一部分，是人们为了特定目的而组建的稳定的合作形式。这里的社会组织是指狭义的概念。

个人的力量是微弱的，需要以群体的形式来加强满足需要的能力。社会组织是建立在社会分工基础上的专业化组织，能够将具有不同能力的人聚合在一起，以特定的目标和明确的规范协调人的活动和能力，可以更有效地满足人们的多种需要。很多属于社会的事务应交由社会组织来管理。遗产保护仅靠政府的力量是远远不够的，需要充分调动民间的力量。各种非政府组织、社会团体等的积极参与是对政府力量的有力补充。如由启功、冯骥才等300多位国内文博界专家学者、社会知名人士在北京发起设立的中华社会文化发展基金会就是国内一个民间公众组织，其下设的抢救流失海外文物专项基金就是以抢救流失海外文物为宗旨，他们在保护流失海外文物方面起着重要的作用。2009年开平碉楼与村落专项基金作为中国文物保护基金会直属专项基金组织正式成立，本应在遗产保护方面发挥积极作用的基金会目前却有些"默默无闻"，遗产保护的重任仍落在政府肩上。对于这些社会组织的激励，关键是要赋予他们一定的结社权、管理权和监督权。结社权是公民的基本权利，即享有依法成立维护自身合法权益的社会团体的权利。然而，在我国，由于各种因素的制约，公民的结社权很难得到保障与实现，加之许多社会组织先天不足，后天又发育不良，在遗产保护方面所起的作用还十分有限。因此，需要运用法律法规保障社会组织的结社权，并在行政管理方面给予一定的便利。政府应逐渐放权，引导社会组织管理社会事务，并鼓励这些社会组织对政府行为进行监督，共同保护好珍贵的遗产。

4. 大众媒体

大众媒体也称大众传媒，包括电视、广播、报纸、杂志、互联网等，具有获取与传递信息、文化传承、娱乐休闲以及舆论监督功能。大众媒体在遗产的价值宣传和认知、遗产保护与开发等方面起着重要的宣传与舆论监督作用。公众对遗产的了解与认识，大多是从各种媒体中获得的。大众媒体架起了公众与遗产之间认识、沟通的桥梁。由于媒体的宣传报道，越来越多的公众日益接受"遗产"概念，对我国遗产的关注度也日益提高。没有大众媒体，就会造成消息和意见封闭，政府听不到不同的意见，导致社会舆论被少数人控制。遗产保护工作需要更多媒体的关注与报道，从而推动社会大众对遗产保护的觉醒。大众媒体需要具有新闻自由权和舆论监督权。对他们的激励，需要在制度上保障他们的这些权利，并且在实践中采取相应的措施保障他们权利的实现。阻碍媒体采访，禁止新闻发表的行为将会降低媒体的参与积极性。

5. 普通公众

对于普通公众，如要激励他们参与遗产保护则应赋予他们相应的遗产保护参与权利，并在实践中真正保证他们有权可享，有权可用。对他们的积极参与，可以给予一定的奖励，包括物质奖励和精神奖励。对于他们破坏遗产的行为，则可以采用负激励，运用一些惩罚措施，如经济惩罚、行政惩罚等，使其减少破坏行为。一般来说，以正激励为主，负激励为辅。

7.4　善治理念下公众参与遗产保护的实现路径

7.4.1　善治理念的导入

治理理论的代表人物罗茨（R. Rhodes）认为，治理意味着一种新的统治过程，人们将会以一种新的方法来统治社会，它强调政府与公民之间、公共部门与私人部门之间的合作与互动。西方国家的治理理论是一种新的公共行政范式，是与西方国家的政治、经济、文化背景相适应的。有学者认为，西方"治理"的两个前提，一是成熟的多元管理主体的存在及它们之间的伙伴关系；二是民主、协作和妥协精神（臧志军，2003）。这与我国目前的国情不符，必须充分考虑我国的文化传统和现实，因此西方的治理理论不能全盘照搬到中国。但是，治理理论对我国的公共事务管理有着一定的借鉴作用，可结合我国的实际情况，将其本土化。世界银行专为发展中国家"特制"的概念是"善治"（good governance），也就是公共管理过程中努力实现公共利益最大化。合法性（legitimacy）、责任性（accountability）、透明性（transparency）、法治（rule of law）、回应（responsiveness）以及有效（effectiveness）是善治的基本要素。善治理念的核心是"多元治理"的理念，即对社会事务的治理不仅仅是政府的事，还需要民众，尤其是社会组织的参与，并要求政府转变观念，做到以人为本。将善治理念引入遗产保护中，目的是希望政府、公众，尤其是民间团体、社团组织等能够积极参与遗产保护与管理工作，通过多元治理，形成政府主导为主，以遗产地社区居民为核心，其他公众广泛参与的遗产保护参与体系，促进遗产的可持续发展。

7.4.2　公众参与遗产保护的实现路径

1. 深化体制改革，实现"上下"结合

随着我国经济社会的不断发展，人们权利意识增强，政治参与的积极性不断提高，与此相适应，党的十七大报告提出要深化政治体制改革，以保证人民当家做主为根本，"坚持国家一切权力属于人民，从各个层次、各个领域扩大公民有序政治参与，最广泛地动员和组织人民依法管理国家事务和社会事务、管理经济和文化事业……推进社会主义民主政治制度化、规范化、程序化"。然而，受传统"官本位"意识的影响，一些官员对于公众参与，缺乏宽容精神，严重制约了公众参与的积极性。目前我国的现状是"大政府、小市场、弱司法"，政府包揽了许多事务，然而，由于政府官员也是经济人，他们也在努力追求个人利益最大化，也可能出现以权谋私、贪污腐败、行政不作为等"政府失灵"现象。为了弥补政府失灵，就需要利用民众、公民社会的力量来制约政府的权力。公共治理的运作机制依赖"由众多的行动者共同组成的合作关系网络"这种权威，要求运用法律来理性设定公共权力的边界与运作方式，理顺国家与社会、政府与市场的关系，通过规范和监督公共权力来维护和拓展公民权利。

实践证明，遗产保护仅凭政府的力量是远不足够的，还需要民众、社会组织的积极参与。只有将"自上而下"和"自下而上"的保护有机结合起来，才能促进遗产的有效保护，实现可持续发展的目标。为此，必须推动我国政治体制改革继续深化，加强法制建设，敦促政府管理部门等组织尊重法律，树立公民本位意识，使公民切实享有知情权、参与权、表达权以及监督权。

2. 完善参与机制，保障公平参与

公共选择理论提出了两类行为选择，包括对规则的选择和规则之下的行为选择。人们首先会选择合适的规则，当这些规则得到人们认可的时候，人们自然就会根据规则要求选择行为。目前我国遗产保护公众参与面临的一大难题就是缺乏完善的公众参与机制。什么人能够参与？参与内容是什么？如何参与？这些问题都没有一个明确的规定。目前我国的参与方式通常是座谈会、听证会、民意调查、公示、公开听取公众意见、展示和咨询等，但由于缺乏制度指导与约束，这些参与往往会流于形式，无法产生应有的效果。要激励公众参与遗产保护，就必须将公众参与的内容、形式、途径与程度等用制度的形式加以明确规定，形成一系列公众参与机制。因此，不仅要完善公众参与的权利保障机制、利益表达机制、利益分配机制、便利参与机制、信息反馈机制、监督管理机制，还要进一步完善奖惩机制。既要保障公民的参与权利，又要保证参与的效果与质量。

国外已经对公众参与的形式、途径、内容等进行了深入的探讨，而我国至今尚缺乏公众参与明确的路径、渠道、形式等，公众参与机制亟待完善。需要注意的是，公众参与遗产保护应是全过程的参与，即遗产的申报、遗产资源的旅游开发、遗产的监督管理，都应有公众的参与。公众越早介入，参与的效果将会越好。就参与者而言，除直接利益相关者参与外，凡是关注遗产保护的专家、学者、普通大众均可参与。参加的代表应经过民主选举，能够代表广大群众的民意，要避免参与代表被强势群体操控。此外，要主动探索适合调动公众参与的方法与技术，根据不同的阶段、不同的情况采用不同的参与方式。

3. 加强遗产教育，培育公民意识

认识是行动的先导，要让公众参与遗产保护，就必须对公众进行遗产教育。参与保护的核心在于价值观的认同，"制度的作用是外在化的、间接的，而只有价值观的认同才可能产生可预见的持续的行为动力"①。当人们意识到遗产的价值，并且从内心深处认可该遗产时，将会产生一种自豪感和自信心，推动他们参与保护活动。调研数据显示，开平碉楼社区居民中90%认为"开平碉楼列入世界文化遗产名录是我们开平人的骄傲"，在调研过程中，我们时常能够感受到他们的骄傲感和自豪感。这与在申遗过程中，政府加强对居民的遗产教育密不可分。政府相关部门加强遗产申报点村落村民的遗产教育，向村民宣传遗产的价值，并且让《开平碉楼与村落》乡土教材分幼儿、小学、中学三个版本走进课堂，对培养中小学生正确的遗产价值观起到了积极的作用。国外也十分重视遗产教育，常常通过在学校开设相关课程、编印有关图书资料、举办研讨会等形式开展教育活动。在欧洲和亚太地区已有90多个国家的300多所中学将世界遗产教育纳入他们的教育课程。

参与遗产保护，既是公民的权利，更是公民的义务。参与保护不仅需要公众的理解，更需要公众的接受。通过宣传教育等形式，在全社会形成"遗产保护，人人有责"的保护理念。培养公众的公民意识，引导公众认识到遗产保护的必要性与参与的重要性，增强他们的权利意识和责任意识，敦促其秉承公共精神，积极地履行社会责任。公共治理的关键是协作，而协作的核心是责任感问题。可以采取一些措施加强遗产教育，培育公民意识：将遗产教育纳入中小学教育中，培养学生的爱国主义情操与参与意识；通过举办专题讲座、培训、讨论等多种形式，宣传遗产价值，向公众灌输遗产保护的理念。如"联合国教科文组织大学与遗产国际论坛"自1995年成立以来，已举办过多届国际学术研讨会。2005年论坛就"世

---

① 马凌. 基于组织成员成熟度的"参与管理"激励机制研究 [J]. 商业时代，2011 (32)：85 – 86.

界遗产对公众职责提出的考验和挑战"问题做重点研究,推动了遗产保护的公众参与;可以利用节庆活动进行宣传。如结合每年 6 月第二个星期六的中国文化遗产日活动,或是在平时的节庆活动中,通过图片、视频、引导公众实地考察等形式加以宣传。

4. 培育公民社会,实现利益组织化

纳奥米·查赞(Naomi Chazan, 1993)认为公民社会是"独立于国家、与国家共事但又不试图取代国家"的一种组织范围,具有一定的独立性,能够强化民主。俞可平等(2001)则将公民社会当作是国家或政府之外的所有民间组织或民间关系的总和,其组成要素是各种非国家或非政府所属的公民组织,包括非政府组织、公民的志愿性社团、协会、社区组织、利益团体和公民自发组织起来的运动等。在哈贝马斯提出的公共领域模型中,公民社会仅仅是由那些在公共领域中受过教育、具有影响力但缺乏政治权力的人组成。蔡定剑教授则认为,公民社会"包括经济上独立、自治的公民;有独立理念的公共知识分子;有不完全被政府所控制的媒体;有草根非政府组织的存在"。[①] 公民社会有助于促进国家的民主建设。公民社会不是万能的,但却是必要的。善治理论鼓励公民社会的培育与发展,因为在创造公共利益的领域内,公民社会具有因满足需求而引起创新的潜能,同时,制度变迁促使更有效的行动和其他社会创新过程的发展。公民社会是地方政府的补充,但不会取代它。国家独有的权利和法律保障是包容性公民社会的前提条件。在我国,国家与公民社会是紧密交织在一起的,很多社会团体都带有浓厚的官方色彩,被人称为"GONGO"(Government Organized Non-Government Organization,即政府组织的非政府组织)导致公民社会的自主性受到严重的限制,公民组织的参与作用难以有效发挥出来。在利益多元化、公民民主意识崛起的当代,发展公民社会的呼声越来越高,培育与发展公民社会是顺应时代发展要求的有力举措。公民社会需要政府的引导与支持,政府应逐步放权,将由社会管理的事务交由公民社会管理,以便精简机构,提高管理的效率,减少治理成本。

遗产保护的公众参与,需要在公民社会中不断发展民间团体和社会组织。20 世纪 80 年代以来,非政府组织(NGO)与非营利组织(NPO)在公共管理领域中的作用日益突出。如我国的冯骥才民间文化基金会、阮仪三城市遗产保护基金会等都是非营利性组织,他们通常是通过个人的社会

---

① 蔡定剑. 公众参与:风险社会的制度建设 [M]. 北京:法律出版社,2009:21.

影响和活动能力筹措资金，通过各种宣传活动引导大家重视遗产的保护，在实践中，发挥了民间团体参与的重要作用。

在遗产保护中，个体参与往往因个体力量弱小且分散而导致参与不足，因此，需要将数量众多的、分散的个体利益凝聚起来，形成利益组织化。所谓利益组织化，是指在利益高度分化的社会中，一些分散的利益主体基于其利益的基本一致性，而进行联合并以一定的组织结构约束这种联合的状态（王锡锌，2008）。利益组织化有利于降低参与成本，提高参与的效能。"善治的实现，依赖于社会合作和沟通理性；而社会成员的组织化，是保障公众参与、提升沟通理性的社会基础。"① 然而，在我国，由于缺乏对社会组织的激励机制、监督机制，导致一些非营利组织打着"非营利"的旗号，进行着违背非营利准则的事，出现了贪污、腐败等现象，容易导致公众对这些民间组织、社会组织失去信心。基于此，有必要采取一定的措施制约这些社会组织的违规行为，对于出现的种种问题，要及时解决，限期整改，必要时可取缔。但是，更重要的是鼓励、引导与培育具有"志愿性""自治性""非营利性"和"非政府性"等特征的民间组织发展壮大。通过参与社会组织，个体的参与力量才能增强。因此，政府应鼓励各种非政府组织、公民的志愿性社团、协会、社区组织等在法律的框架下健康发展，引导其加强自身建设，并激励其积极参与遗产保护活动。当然，政府也可以在发动公众参与遗产保护中更加主动，而不是留给非政府组织及社会团体去宣传，开展遗产保护活动。

5. 通过实践增强公众的参与能力

遗产保护公众参与时代的到来让公众参与遗产保护的机会日益增多。公众参与，体现了善治的理念，但是，并非所有公民都能有效参与。Alberts（2007）就指出参与者的先验经验及能力是参与成功与否的关键因素，他认为寻求技术专家的意见比寻求所有利益相关者的共识更富有成效。有些时候，管理者会以公众专业知识匮乏、素质低等为借口，阻碍公众参与。事实上，公众也往往因为缺乏相关知识与技术而被排斥在遗产保护之外。为了更有效地行使公民的参与权，公众需要通过实践来不断增加遗产专业知识和保护技术，提高自身的素养以适应遗产保护工作的要求。一方面，政府和有关管理部门、教育机构应为公众提供相应的教育和实践机会，让他们能够接触遗产保护的相关信息、知识与技能；另一方面，公

---

① 王锡锌. 利益组织化、公众参与和个体权利保障 [J]. 东方法学，2008（4）：24-44.

众也需要不断地、主动地加强自身修炼，提高自身的参与能力。

本章小结

  本章在对制度与制度创新、激励与激励机制等概念进行剖析的基础上，分析了遗产保护公众参与的激励因子。这些激励因子包括内在正面激励因子（价值认同感、社会责任感、社交机会、社会赞许）和外在正面激励因子（利益获得、管理者支持、合理的制度安排、参与组织化），以及内在负面激励因子（失望、挫折感）和外在负面激励因子（管理者的消极态度、利益冲突、参与能力欠缺、信息不对称）。在此基础上，构建了公众参与遗产保护的激励模型。与此同时，设计了相应的激励机制，包括权利保障机制、利益表达机制、利益分配机制、信息反馈机制以及监督管理机制，并提出相应的激励措施，激励社区居民、旅游企业、社会组织、大众媒体以及普通公众积极参与遗产保护。最后引入善治理念，为公众参与遗产保护提供了路径选择，包括深化体制改革，实现"上下"结合；完善参与机制，保障公平参与；加强遗产教育，培育公民意识；培育公民社会，实现利益组织化；通过实践增强公众的参与能力。

结论与展望

8.1　主要研究结论

无论是文化遗产还是自然遗产，也不论是物质类的遗产还是非物质类的遗产，都是人类宝贵的财富，尤其是已列入世界遗产名录的遗产项目，更具有突出的、普遍的价值，需要我们去欣赏、尊重和保护这些遗产，并将其传承给我们的子孙后代。遗产的保护工作不应完全依靠政府，公众既有权也应该参与遗产保护，真正的遗产保护应是全民共同参与的保护。本书围绕着"利益是推动公众参与遗产保护的重要动力，合理的制度安排能够激励公众积极参与遗产保护"这一观点，通过"规范研究—实证研究—规范研究"的研究路径，积极探寻影响公众参与遗产保护的各种因素，并试图作出合理的制度安排激励公众积极参与遗产的保护工作。在此思路引导下进行了相关的研究，形成了以下结论：

（1）正确识别和界定遗产利益相关者，对于遗产的保护与利用十分重要。本书认为，任何影响遗产可持续发展或受遗产可持续发展影响的个人或群体，都是遗产利益相关者。根据专家评分法，发现遗产利益相关者十分广泛，其中政府、旅游企业、社区居民以及游客是关键利益相关者。

（2）根据遗产保护责任的大小和遗产管理权力的大小，可将遗产利益相关者划分为核心型、保护型、指导型以及边缘型四种类型。各类型利益相关者会随着具体条件的改变而变化，他们之间可以互相转化。利益是推动公众参与遗产保护的重要动力，各利益相关者有着不同的利益诉求，利益诉求的满足与否影响着他们是否积极参与遗产保护活动以及参与的成效。

（3）遗产保护离不开公众的共同努力，公众参与遗产保护既是重要的，又是必需的。政府应遵循"信息公开、鼓励参与、利益认同、保障权利、奖惩分明"的基本原则，鼓励与引导公众积极参与，并采取相应的措施缩小公众参与应然与实然之间的差距。

（4）公众参与遗产保护是动力和阻力两种力量互相作用、相互博弈的结果。公众参与遗产保护的内在动力主要来自利益驱动、社会责任、价值认同以及公众主体意识的觉醒、民主意识的增强；外在动力是外在推动公众参与的力量，主要表现为公民社会的培育与发展、大众媒体的导引以及社会信息技术的发展。内外动力共同构成了公众参与的驱动力，激励公众积极参与遗产保护。阻力则会对公众参与行为产生阻止的力量，可分为内在阻力和外在阻力。内在阻力主要包括公民意识缺乏、遗产保护责任意识淡薄、遗产价值认知不清、利益冲突、参与能力欠缺以及失望等；外在阻力则表现为缺乏有效的公众参与机制、公民社会组织力量薄弱、政府当局对公众参与持消极态度等。若动力大于阻力，则能促进公众参与遗产保护；反之，则会阻碍公众积极参与。

（5）公众参与遗产保护会受到各种因素的影响，这些影响因素可以分为个人因素、社会因素和环境因素。本书运用实证研究的方法，着重研究个人因素，包括年龄、性别、文化程度、权利意识、责任意识、遗产认知、参与能力等对公众参与行为倾向的影响程度。书中构建了个人因素与参与保护之间关系的理论模型。研究结果显示，个人背景属性中，不同性别、年龄与收入水平的受访者在参与保护倾向上没有显著差异，但是受教育水平不同的受访者在参与保护倾向上有显著的差异。受教育程度越高，参与保护的意愿就越强。个人背景属性对参与能力有一定的影响，年龄和受教育程度不同的受访者在参与能力上有显著的差异，年龄越大、受教育程度越低者，其参与能力就愈低。不同性别和收入水平的受访者在参与能力上没有显著差异，但研究发现女性比男性更多地认为自己有能力保护遗产。据此，在选举参与代表时，除了要考虑人选的代表性外，还要考虑代表的性别、年龄与受教育程度，应争取让更多有意愿且有参与能力的公众参与遗产保护工作。

（6）研究发现，个人因素中，权利意识、遗产保护责任意识以及参与能力对公众参与保护倾向有显著影响，但是遗产认知对参与保护倾向并无显著影响。遗产认知虽然不会直接影响公众参与保护行为倾向，但是却与权力意识、遗产保护责任意识和参与能力之间呈正相关关系，对遗产的认知越清晰、越深刻，遗产保护责任意识就会越强烈。参与能力与权利意识、遗产保护责任意识之间呈正相关关系，而权利意识和遗产保护责任意识之间也存在着正相关关系。因此，要激励公众参与遗产保护，就要通过各种宣传教育手段，让更多人认识与理解遗产，提高他们的遗产认知；创造各种条件，营造良好的政治氛围，不断培养与提高公民意识，提高人们的权利意识和责任意识；此外，还需要通过教育培训，不断提高人们的参与能力。

（7）遗产是一种非排他性、非竞争性的公共资源，但在保护实践中却容易出现"集体行动困境"和"搭便车"现象。因此需要针对公众的不同特点，采用某些"选择性激励"，作出合理的制度安排，以便激励公众积极参与遗产保护。研究发现，制度具有重要的作用，其效用的发挥既需要正式和非正式制度的完善，也需要健全制度的实施机制，提高实施机制的有效性，并注意对制度进行创新。

（8）公众参与遗产保护的激励因子分为内在激励和外在激励。内在激励和外在激励又可分为正面激励和负面激励，正面激励会促使激励客体产生符合激励主体要求的正面行为，而负面激励则会偏离激励主体的目标，产生消极的行为。内在激励因子中正面激励因子主要包括价值认同感、社会责任感、社交机会以及社会赞许；负面激励因子则主要包括失望和挫折感。外在激励因子中正面激励因子主要包括利益获得、管理者支持、合理的制度安排、参与组织化等；负面激励因子主要包括管理者的消极态度、利益冲突、参与能力欠缺和信息不对称。激励公众积极参与遗产保护，并使他们的参与行为得到强化，就需要多运用内外的、正面激励因子，并且降低负面激励因子的功效。

（9）本书构建了公众参与遗产保护激励模型，强调既要重视激励环境的建设与改善，增强正激励，减弱负激励，又要注意对人们参与保护行为给予一定的奖励，无论是内在奖励还是外在奖励，都要求尽量保证公平性，以便使参与者产生满意感，从而使正激励的力量得到增强，参与行为得到强化。公众参与遗产保护的激励机制主要包括权利保障机制、利益表达机制、利益分配机制、信息反馈机制以及监督管理机制，重点关注政府，尤其是遗产地方政府对遗产利益相关者的激励行为所引发的公众参与保护行为。

（10）本书引入善治理念，提出通过多元治理，形成政府主导为主，以遗产地社区居民为核心，其他公众广泛参与的遗产保护参与体系，并为公众参与遗产保护提供相应的实现路径：深化体制改革，实现"上下"结合；完善参与机制，保障公平参与；加强遗产教育，培育公民意识；培育公民社会，实现利益组织化；通过实践增强公众的参与能力。

8.2　研究创新与局限

8.2.1　研究的创新点

本书在吸收和借鉴前人研究成果的基础上，试图在研究视角、研究内容以及研究方法上有所创新，主要体现在：

（1）研究视角。本书尝试突破以往主要集中在遗产的技术性保护以及主要从政府管理与保护遗产的角度进行研究的局限性，引入利益相关者理论、公共选择理论、治理理论以及激励理论，从遗产利益相关者的角度出发，探讨如何激励他们参与遗产保护。本书考虑了政府的引导作用，但更多的是强调公众参与遗产保护的积极作用，为遗产保护研究提供了新的视角。

（2）研究内容。本书主要围绕"利益是推动公众参与遗产保护的重要动力，合理的制度安排能够激励公众积极参与遗产保护"这一观点展开多角度论证，分析遗产关键利益相关者的利益诉求，剖析影响公众参与的各种内外部因素，设计合理的制度以激励公众积极参与，并为公众的参与提供相应的实现路径。相比以往的研究主要关注公众参与保护的重要性及其存在问题的解决，本书则从激励的角度进行研究，构建公众参与遗产保护的激励模型和激励机制，对于促进公众参与有一定的理论贡献。此外，已有的研究多关注个人变项，如不同性别、年龄、受教育程度、收入等对人们参与行为倾向的影响，而本书开发了个人因素影响保护参与的量表，提出并验证了公众的遗产认知、权利意识、遗产保护责任意识以及参与能力等个人因素与人们参与行为之间的关系，为今后的实证研究奠定了理论基础。

（3）研究方法。本书综合运用了规范研究和实证研究的方法，注意将定性研究与定量研究相结合。运用 SPSS 软件进行探索性因子分析，采用 AMOS 软件进行验证性因子分析，探讨个人因素与公众参与遗产保护行为倾向之间的关系，构建并修正个人因素影响参与保护的理论模型，在研究方法上有所突破。

8.2.2 研究的不足

受笔者研究能力、研究水平的局限，本书在以下方面还存在着不足，需要在未来的研究中进一步完善：

（1）公众参与遗产保护会受到各种因素的影响，本书以广东开平碉楼为案例进行研究，由于案例地的产权性质较为复杂，案例具有一定的特殊性。至于其他的遗产地是否也会受到所述诸多因素的影响，则要具体问题具体分析。

（2）本书试图探寻合理的制度安排以激励公众的积极参与行为，并提出了公众参与的实现路径，但这些制度安排和实现路径多为概念性的，具体的操作与实施并未涉及太多。此外，这些制度安排以及实现路径是否适用于不同类型的遗产保护公众参与，是否有效，则需要其他学者及笔者在后续研究中进一步验证和修正。

（3）在实证研究方面，本书主要关注的是个人因素与公众参与行为倾向之间的关系，对于社会因素以及环境因素对公众参与行为倾向的影响未能进行实证研究，这可谓是笔者的一大遗憾，在未来的研究中笔者会继续关注并展开研究。此外，在实证研究中，模型构建与验证主要运用的是居民问卷调查数据，而居民只是公众中的一个组成部分，且是参与遗产保护的特殊群体，研究数据未能覆盖公众的所有群体，这会影响结论的说服力。今后的研究将会考虑抽样的典型性与代表性，力求研究结果的有效性。

（4）由于笔者期望在调研中获得更多的信息，所以，本书的居民问卷以及游客问卷设计的题项较多，这样导致了受访者出现不耐烦的情绪，在增加调查难度的同时，也造成了回收问卷的质量问题。尽管已剔除了一些废卷和无效问卷，但误差仍不可避免。今后的研究将会考虑受访者的受试心理，设计更为科学合理的问卷，并注意结合质的研究，以确保调研数据的有效性。

8.3　未来研究展望

随着我国政治体制改革的不断深化，人们民主意识的觉醒，公民社会的到来，有关公众参与相关的研究方兴未艾，加之人们对遗产认识的不断加深，对于遗产保护公众参与，仍有许多值得进一步深入研究与探讨的问题。

本书只是笼统地讨论物质类的遗产保护问题，对于不同类型，尤其是不同产权性质的遗产（如私人所有、全民所有）以及不同经营管理模式的遗产（如政府管理为主、上市公司管理为主、社区自治管理），这些方面公众应如何参与并没有展开分类研究，而这一问题将在未来的研究中进行深入的探讨。

本书主要从利益相关者的角度出发，重点考虑遗产关键利益相关者如何参与遗产保护的问题，对于公众的其他部分涉及较少。未来各种社会组织，如 NGO 等，以及普通公众如何参与遗产保护的问题也应引起重视。

本书在剖析影响公众参与各种因素的基础上，侧重在制度安排上探讨如何激励公众积极参与，但是对于公众中谁能够参与，参与者的代表性如何确定，如何根据我国的具体国情设置公众参与的程序以及选择何种参与工具等问题却没有作出回答。尽管西方国家在这些方面已经有了较多的研究成果，但是在我国，仍然缺乏与本土文化及特殊国情相适应的参与方式与渠道、参与途径与程序，这些问题需要在未来的研究中予以解决。

并非所有利益相关者参与决策都能完全成功。有学者指出，考虑不同的观点会给政策讨论添加相互冲突的目标。冲突越大，决策者就越难以满足每一位利益相关者的需求。而利益相关者会觉得他们的意见未被考虑，因而会强烈反对制定的政策措施，阻止一些政策被采纳（Komor & Bazilian，2005）。因此，如何评估与测量公众参与的效果，如何将公众积极参与的热情和行动与有效的遗产保护和管理过程有机平衡或结合起来，如何综合运用定性与定量等多种研究方法，对于未来的研究将是极大的挑战。

附　录

遗产利益相关者专家问卷

尊敬的专家：

　　您好！

　　我们正在进行一项以"公众参与世界文化遗产保护"为主题的学术研究，需要征询您的意见，请根据您的真实想法填写。衷心感谢您的支持与合作！

　　一、各种类型的组织在发展过程中都会与其内部和外部的许多个人或群体之间形成"影响"或"被影响"的关系，这些个人或团体被称为"利益相关者"。以下列表中的个人或团体，您认为哪些属于开平碉楼世界遗产可持续发展的利益相关者？请您在相应的方框内画"√"，并注明这些利益相关者在碉楼遗产保护上应承担多大责任？1~7表示责任大小的程度，"7"代表责任非常大，"4"代表一般，"1"代表几乎没有责任。

个人或团体类别	属于遗产利益相关者的个人或团体	利益相关者在遗产保护上应承担的责任						
1. 联合国教科文组织世界遗产委员会		7	6	5	4	3	2	1
2. 中央政府		7	6	5	4	3	2	1
3. 地方政府		7	6	5	4	3	2	1
4. 文物局		7	6	5	4	3	2	1
5. 旅游局		7	6	5	4	3	2	1
6. 碉楼旅游发展有限公司		7	6	5	4	3	2	1

（续上表）

个人或团体类别	属于遗产利益相关者的个人或团体	利益相关者在遗产保护上应承担的责任						
7. 旅游企业（旅行社、餐馆、酒店、交通部门等）		7	6	5	4	3	2	1
8. 外来投资者		7	6	5	4	3	2	1
9. 当地居民/社区		7	6	5	4	3	2	1
10. 海外碉楼业主		7	6	5	4	3	2	1
11. 国内碉楼业主		7	6	5	4	3	2	1
12. 游客		7	6	5	4	3	2	1
13. 教育机构		7	6	5	4	3	2	1
14. 一般公众		7	6	5	4	3	2	1
15. 媒体		7	6	5	4	3	2	1
16. 宗教团体		7	6	5	4	3	2	1
17. 旅游业从业人员		7	6	5	4	3	2	1
18. 旅游相关行业的企业		7	6	5	4	3	2	1
19. 旅游行业协会		7	6	5	4	3	2	1
20. 非政府组织		7	6	5	4	3	2	1
21. 人类后代		7	6	5	4	3	2	1

二、以上利益相关者，您认为最重要的是哪些？（限选 5 项，在下面标注相应的序号即可）

第一：_____；第二：_____；第三：_____；

第四：_____；第五：_____。

开平碉楼社区居民正式问卷

尊敬的女士/先生：

您好！为了更好地促进开平碉楼世界文化遗产地的保护与管理，让公众能够积极参与到遗产保护中，我们开展了本次调查活动，您的意见对本课题的研究非常重要。此问卷为匿名调查，仅用于学术研究。衷心感谢您的支持与合作！

第一部分：阅读以下内容，请根据您的实际情况和真实感受在选项前的"□"内画"√"，选项没有对错之分，请放心填写。

1. 您是开平常住居民吗？（指连续居住一年以上）

□是——请问您的居住时间是 _____ 年；目前居住在哪个乡镇？ _____

□以前是，现在是侨民，居住在国外

□否——终止调查

2. 您认为开平最有价值的是 _____，最吸引游客的是 _____。（请填写序号）

□中西合璧的碉楼与民居建筑　　□乡村田园景观
□淳朴的民风民俗　　　　　　　□华侨文化
□当地居民的生活和生产方式　　□美食
□其他（请注明）_____

3. 您对当初开平碉楼申报世界遗产的态度是：

□非常支持　□支持　□无所谓　□反对　□非常反对

4. 您对目前开平碉楼发展旅游业的态度是：

□非常支持　□支持　□无所谓　□反对　□非常反对

5. 您觉得开平碉楼成为世界遗产后给当地居民带来了怎样的影响？（可多选）

□美化环境，基础设施得以改善　□增加就业机会
□增加居民的收入　　　　　　　□增强居民的地方认同感和自豪感

□造成公共设施的紧张　　　　□导致日常生活成本增加

□没有什么影响　　　　　　　□其他（请注明）_____

6. 您觉得居民参与遗产保护的程度：

□非常高　□高　□一般　□低　□非常低　□不清楚

7. 您认为影响公众有效参与碉楼遗产保护的原因是（可多选）：

□缺乏公众参与的制度保障　　□政府对公众意见重视不够

□遗产相关信息公开力度不够　□与公众的时间安排有冲突

□公众缺乏遗产保护的能力　　□公众缺乏公民意识

□其他_____

8. 您希望通过以下哪些途径了解遗产的保护与管理情况？（可多选）

□电视/收音机　　　□互联网　　　□专门发放的资料册

□新闻发布会　　　□公告或通知　□亲朋好友告知

□参加遗产保护相关部门的有关会议（听证会、咨询会等）

□其他（请注明）_____

9. 以下一些活动，您愿意参与的是（可多选）：

□与开平碉楼有关的听证会

□将遗产破坏情况报告给遗产管理部门

□宣传开平碉楼的突出价值

□遗产保护教育或培训

□呼吁大家保护开平碉楼

□开平碉楼的日常维护

□与遗产相关的咨询会、座谈会

□问卷调查

□遗产保护政策法规的制定

□碉楼旅游规划与开发

□监督碉楼保护的执行情况

□以上皆不愿参与

10. 以上的活动，您认为在公众参与遗产保护实践中最有效的 3 项是_____。（填写序号）

11. 若邀请您参与碉楼遗产的具体保护工作，你可接受的时间是：

□1 天　□2~3 天　□1 周　□2~3 周　□1 个月　□没时间参加

□其他（请注明）_____

第二部分：阅读以下表中内容，请在您认为适当的数字上画"√"，选择没有对错之分，请根据您心中真实的想法选择。1~7 表示您的同意程度，"7"代表完全同意，"4"代表不确定，"1"代表完全不同意。

对遗产的认识及行为							
世界文化遗产具有突出的普遍价值，是人类智慧的结晶	7	6	5	4	3	2	1
世界遗产不仅是当地人的，也是全民族乃至全人类的共同遗产	7	6	5	4	3	2	1
世界遗产不仅是当代人的，也是子孙后代的宝贵财富	7	6	5	4	3	2	1
开平碉楼列入世界文化遗产名录是我们中国人的骄傲	7	6	5	4	3	2	1
人人都有责任保护遗产，因为这是我们共同的财产	7	6	5	4	3	2	1
碉楼遗产保护不仅是政府和碉楼主人的事，也是我的责任	7	6	5	4	3	2	1
将遗产传承给子孙后代，既是我的责任，也是我的义务	7	6	5	4	3	2	1
遗产保护的好坏是大家共同的责任	7	6	5	4	3	2	1
我会主动关心世界遗产的发展情况	7	6	5	4	3	2	1
我乐意参与有关遗产保护与管理的相关活动或工作	7	6	5	4	3	2	1
看到他人损害碉楼遗产的行为，我会主动加以制止	7	6	5	4	3	2	1
我会主动向他人宣传遗产的价值，倡导大家保护遗产	7	6	5	4	3	2	1
了解遗产保护与管理的情况是我的权利	7	6	5	4	3	2	1
我有权监督遗产保护政策的执行情况	7	6	5	4	3	2	1
我有权对遗产保护提出意见或建议	7	6	5	4	3	2	1
遗产地保护与管理的情况应定期公示，并接受公众监督	7	6	5	4	3	2	1
我受过良好的教育，有助于遗产的保护	7	6	5	4	3	2	1
我能够分配一定的时间参与遗产保护工作	7	6	5	4	3	2	1
我具有一定的遗产保护相关知识与技术	7	6	5	4	3	2	1
我认为自己有能力保护碉楼遗产	7	6	5	4	3	2	1

以下是您的个人资料，此为匿名调查，仅用于学术研究，绝对保密，请您放心填写。

1. 性别：□男　□女

2. 年龄：□18 岁及以下　□19～25 岁　□26～35 岁　□36～45 岁
　　　　□46～55 岁　□56～65 岁　□65 岁及以上

3. 受教育程度（包括在读的情形）：
□不识字　□小学　□初中　□高中/中专/职高　□大专
□大学本科　□硕士及以上

4. 您目前的职业：
□学生　□政府机关/事业单位职工　□企业/公司一般员工
□企业/公司管理人员　□农民　□教师　□私营业主/个体经营者
□待业/下岗　□离退休人员　□其他_____

5. 您的平均月收入：
□1 000 元以下　□1 001～2 000 元　□2 001～3 000 元
□3 001～5 000 元　□5 001～8 000 元　□8 000 元以上

开平碉楼游客问卷

尊敬的女士/先生：

　　您好！为了更好地促进开平碉楼世界文化遗产地的保护与管理，我们开展了本次调查活动，您的意见对开平碉楼的开发和保护非常重要。此问卷为匿名调查，仅用于学术研究。请根据您的真实感受在选项前的"□"内或数字上画"√"。衷心感谢您的支持与帮助！

　　1. 您来自（目前常住地）：_____国家/地区_____省（市）_____市_____镇/乡

　　2. 您以前是否游览过开平碉楼？
　　□否　　　□是（请注明曾游览次数）_____

　　3. 您此次来开平碉楼的主要目的是（可多选）：
　　□远离城市喧嚣，放松心情　　　□体验侨乡文化
　　□欣赏田园风光　　　　　　　　□观看碉楼建筑
　　□电影寻踪（如《让子弹飞》等）　□科学考察
　　□探亲访友　　　　　　　　　　□艺术采风
　　□摄影　□商务、会议　□其他（请注明）_____

　　4. 开平碉楼"世界文化遗产"的称号对您的吸引力：
　　□非常大　□大　□一般　□小　□非常小

　　5. 您来之前主要通过什么途径了解开平碉楼的情况？（可多选）
　　□互联网　□报纸/杂志/书籍　□电视/广播　□亲朋好友
　　□旅行社/宣传手册　　□其他_____

　　6. 您此次的旅行方式是：
　　□个人参团　□与朋友或家人参团　□单位组织参团
　　□自助旅游　□其他_____

　　7. 开平碉楼最吸引你的是（最多选3项）：
　　□中西合璧的碉楼与民居建筑　□乡村田园景观
　　□淳朴的民风民俗　□美食　□华侨文化

□当地居民的生活和生产方式 □其他_____

8. 您觉得碉楼遗产保护的状况：

□非常好 □好 □一般 □差 □非常差 □不清楚

9. 您认为影响公众有效参与碉楼遗产保护的原因是（可多选）：

□缺乏参与保护的渠道 □政府对公众意见重视不够

□缺乏相关的法律制度保障 □缺乏公众参与的激励机制

□遗产相关信息公开力度不够 □与公众的时间安排有冲突

□公众缺乏遗产保护的能力 □公众缺乏公民意识

□其他_____

10. 以下一些活动，您愿意参与的是（可多选）：

□与开平碉楼有关的听证会

□将遗产破坏情况报告给遗产管理部门

□宣传开平碉楼的突出价值 □遗产保护教育或培训

□呼吁大家保护开平碉楼 □开平碉楼的日常维护

□与遗产相关的咨询会、座谈会 □问卷调查

□遗产保护政策法规的制定 □碉楼旅游规划与开发

□监督碉楼保护的执行情况 □以上皆不愿参与

11. 以上的活动，您认为在公众参与遗产保护实践中最有效的 3 项是

_____。（填写序号）

12. 您对此次开平碉楼旅游体验的总体评价：

□非常满意 □满意 □一般 □不满意 □非常不满意

13. 您愿意再次来开平碉楼旅游吗？

□非常愿意 □愿意 □不确定 □不愿意 □非常不愿意

14. 您愿意向其他人推荐开平碉楼吗？

□非常愿意 □愿意 □不确定 □不愿意 □非常不愿意

15. 以下说法，请在您认为适当的数字上画"√"，选择没有对错之分，请根据您心中真实的想法选择。1～7 表示您的同意程度，"7"代表完全同意，"4"代表不确定，"1"代表完全不同意。

对遗产的认识及行为							
世界文化遗产具有突出的普遍价值，是人类智慧的结晶	7	6	5	4	3	2	1
世界遗产不仅是当地人的，也是全民族乃至全人类的共同遗产	7	6	5	4	3	2	1
世界遗产不仅是当代人的，也是子孙后代的宝贵财富	7	6	5	4	3	2	1
开平碉楼列入世界文化遗产名录是我们中国人的骄傲	7	6	5	4	3	2	1
人人都有责任保护遗产，因为这是我们共同的财产	7	6	5	4	3	2	1
碉楼遗产保护不仅是政府和碉楼主人的事，也是我的责任	7	6	5	4	3	2	1
将遗产传承给子孙后代，既是我的责任，也是我的义务	7	6	5	4	3	2	1
遗产保护的好坏是大家共同的责任	7	6	5	4	3	2	1
我会主动关心世界遗产的发展情况	7	6	5	4	3	2	1
我乐意参与有关遗产保护与管理的相关活动或工作	7	6	5	4	3	2	1
看到他人损害碉楼遗产的行为，我会主动加以制止	7	6	5	4	3	2	1
我会主动向他人宣传遗产的价值，倡导大家保护遗产	7	6	5	4	3	2	1
了解遗产保护与管理的情况是我的权利	7	6	5	4	3	2	1
我有权监督遗产保护政策的执行情况	7	6	5	4	3	2	1
我有权对遗产保护提出意见或建议	7	6	5	4	3	2	1
遗产地保护与管理的情况应定期公示，并接受公众监督	7	6	5	4	3	2	1
我受过良好的教育，有助于遗产的保护	7	6	5	4	3	2	1
我能够分配一定的时间参与遗产保护工作	7	6	5	4	3	2	1
我具有一定的遗产保护相关知识与技术	7	6	5	4	3	2	1
我认为自己有能力保护碉楼遗产	7	6	5	4	3	2	1

以下是您的个人资料，此为匿名调查，仅用于学术研究，绝对保密，请您放心填写。

1. 性别：□男　□女

2. 年龄：□14 岁及以下   □15~24 岁   □25~44 岁
□45~64 岁   □65 岁及以上

3. 受教育程度（包括在读的情形）：
□不识字   □小学   □初中   □高中/中专/职高   □大专
□大学本科   □硕士及以上

4. 您目前的职业：
□学生   □政府机关/事业单位职工   □企业/公司一般员工
□企业/公司管理人员   □农民   □教师   □私营业主/个体经营者
□待业/下岗   □离退休人员   □其他_____

5. 您的平均月收入：
□1 000 元以下   □1 001~2 000 元   □2 001~3 000 元
□3 001~5 000 元   □5 001~8 000 元   □8 000 元以上

参考文献

英文

［1］ AAS C, LADKIN A & FLETCHER J. Stakeholder collaboration and heritage management ［J］. Annals of tourism research, 2005, 32 （1）.

［2］ AHMAD A. The constraints of tourism development for a cultural heritage destination: the case of Kampong Ayer （Water Village） in Brunei Darussalam ［J］. Tourism management perspectives, 2013, 8 （8）.

［3］ ALBERTS DJ. Stakeholders or subject matter experts, who should be consulted? ［J］. Energy policy, 2007 （35）.

［4］ ARNSTEIN A. A ladder of citizenship participation ［J］. Journal of the American planning association, 1969, 35 （4）.

［5］ Biggs S D. Resource-poor farmer participation in research: a synthesis of experiences from nine national agricultural research systems ［J］. OFCOR-Comparative study paper, vol. 3. International service for national agricultural research, The Hague, 1989.

［6］ BISHOP G F, OLDERDICK R W & TUCHFARBER A J. Debate watching and acquisition of political knowledge ［J］. Journal of communication, 1978, 28 （4）.

［7］ BLACHSTOCK K L, KELLY G J & HORSE Y B L. Developing and applying a framework to evaluate participatory research for sustainability ［J］. Ecological economics, 2007, 60 （4）.

［8］ BOOTHA A & HALSETH G. Why the public thinks natural resources public participation processes fail: a case study of British Columbia communities ［J］. Land use policy, 2011, 28. （4）.

［9］ BORIS V & DRAGAN T. Tourism and urban revitalization: a case study of Pore, Yugoslavia ［J］. Annals of tourism research, 1984, 11 （4）.

［10］ BRIMBLECOMBE P. Damage to cultural heritage ［M］//Saiz-Jimenez C. Air pollution and cultural heritage. New York: Routledge, 2004.

［11］BROWNA G & WEBER D. Public participation GIS: a new method for national park planning ［J］. Landscape and urban planning, 2011, 102 (1).

［12］BRUNER A G, GUILLISON R E, RICE R E, et al. Effectiveness of parks in protecting tropical biodiversity ［J］. Science, 2001, 291 (5501).

［13］BURBY R. Making plans that matter: citizen involvement and government action ［J］. Journal of the American planning association, 2003, 69 (1).

［14］BUCHY M & HOVERMAN S. Understanding public participation in forest planning: a review ［J］. Forest policy and economics, 2000, 1 (1).

［15］CONRAD E, CASSAR L F, JONES M, et al. Rhetoric and reporting of public participation in landscape policy ［J］. Journal of environment policy & planning, 2011, 13 (1).

［16］DIAN AM & ABDULLAH N C. Public participation in heritage sites conservation in Malaysia: issues and challenges ［J］. Procedia-Social and Behavioral Sciences, 2013, 101 (101).

［17］DIDUCK A & SINCLAIR A J. Public involvement in environmental assessment: the case of the nonparticipant ［J］. Environmental management, 2002, 29 (4).

［18］DUAN H. Social process of environmental risk perception, preferences of risk management and public participation in decision making: a cross - cultural study between the United States and China ［D］. Columbus: The Ohio State University, 2005.

［19］EDEN C & ACKERMANN F. Making strategy: the journey of strategic management ［M］. London: Sage Publications, 1998.

［20］EVANS G. Living in a world heritage city: stakeholders in the dialectic of the universal and particular ［J］. International journal of heritage studies, 2002, 8 (2).

［21］FARRINGTON J. Organisational roles in farmer participatory research and extension: lessons from the last decade ［J］. Natural resource perspectives, 1998, 27.

［22］FOLZ D H & HAZLETT J M. Public participation and recycling performance: explaining program success ［J］. Public administration review, 1991, 51 (6).

［23］ FREEMAN R E. Strategic management: a stakeholder approach ［M］. Boston: Pitman, 1984.

［24］ GLASS J J. Citizen participation in planning: the relationship between objectives and techniques ［J］. Journal of the American planning association, 1979, 45 (2).

［25］ HABERMASS J. Theory of communicative action ［M］. Cambridge: Polity Press, 1987.

［26］ HAMPTON M P. Heritage, local communities and economic development ［J］. Annals of Tourism Research, 2005, 32 (3).

［27］ HALL C M & MCARTHUR S. Integrated heritage management: principles and practice ［M］. London : The Stationery Office, 1998.

［28］ HALU Z Y , KüçüKKAYA A G. Public participation of young people for architectural heritage conservation ［J］. Procedia-social and behavioral sciences, 2016, 225.

［29］ HEUGENS PPMAR, BOSCH VDFAJ & RIEL VCBM. Stakeholder integration ［J］. Erim article, 2002, 41 (1).

［30］ ISMAGILOVA G, SAFIULLIN L & GAFUROV I. Using historical heritage as a factor in tourism development ［J］. Procedia-social and behavioral sciences, 2015, 188.

［31］ JURADO V, SANCHEZ-MORAL S, SAIZ-JIMENEZ C. Entomogenous fungi and the conservation of the cultural heritage: a review ［J］. International biodeterioration & biodegradation, 2008, 62 (4).

［32］ KOMOR P & BAZILIAN M. Renewable energy policy goals, programs, and technologies ［J］. Energy policy, 2005, 33 (14).

［33］ KOOROSH S S, SZA I & AHAD F. Evaluating citizens´participation in the urban heritage conservation of historic area of Shiraz ［J］. Procedia-social and behavioral sciences , 2015, 170.

［34］ LAWRENCE A. No personal motive? Volunteers, biodiversity, and the false dichotomies of participation ［J］. Ethics, place and environment, 2006, 9 (3).

［35］ LOSTARNAU C, OYARZUN J, MATURANA H, et al. Stakeholder participation within the public environmental system in Chile: major gaps between theory and practice ［J］. Journal of environmental management, 2011, 92 (10).

[36] LUSSETYOWATI T. Preservation and conservation through cultural heritage tourism. case study: Musi riverside Palembang [J] . Procedia-social and behavioral sciences, 2015, 184.

[37] MARTIN A & SHERINGTON J. Participatory research methods: implementation, effectiveness and institutional context [J] . Agricultural systems, 1997, 55 (2) .

[38] MCKERCHER B, HO PSY, CROS HD. Relationship between tourism and cultural heritage management: evidence from Hong Kong [J] . Tourism management, 2005, 26 (4) .

[39] MCMANUS J. The in? uence of stakeholder values on project management [J] . Management services, 2002, 46 (6) .

[40] MICHENER V J. The participatory approach: contradiction and co-option in Burkina Faso [J] . World development, 1998, 26 (12) .

[41] MITCHELL R K & WOOD D J. Toward a theory of stakeholder identification and salience: defining the principle of who and what really counts [J]. The academy of management review, 1997, 22 (4) .

[42] NUTT P C & BACKOFF R W. Strategic management of public and third sector organizations: a handbook for leaders [M] . San Francisco: Jossey-Bass, 1992.

[43] NYAUPANE G P, MORAIS D B & DOWLER L. The role of community involvement and number/type of visitors on tourism impacts: a controlled comparison of Annapurna, Nepal and Northwest Yunnan, China [J] . Tourism Management, 2006, 27 (6) .

[44] ORBASLI & AYLIN. Tourists in historic towns [M] . London: E & FN Spon, 2000.

[45] TOWNSHEND T & PENDLEBURY J. Public participation in the conservation of historic areas: case-studies from north-east England [J] . Journal of urban design, 1999, 4 (3) .

[46] PALMER C. An ethnography of Englishness: experiencing identity through tourism [J] . annals of tourism research, 2005, 32 (1) .

[47] PENDLEBURY J, SHORT M & WHILE A. Urban world heritage sites and the problem of authenticity [J] . Cities, 2009, 26 (6) .

[48] PRENTICE R C. Tourism and heritage attractions [M] . London:

Routledge, 1993.

[49] PRESTON L E & SAPIENZA H J. Stakeholder management and corporate performance [J]. Journal of behavioral economics, 1990, 19 (4).

[50] RAHMAWATI D, SUPRIHARJO R, SETIAWAN R P, et al. Community participation in heritage tourism for Gresik resilience [J]. Procedia-social and behavioral sciences, 2014, 135.

[51] RAZZU G. Urban redevelopment, cultural heritage, poverty and redistribution: the case of Old Accra and Adawso House [J]. Habitat international, 2005, 29 (3).

[52] REED M S. Participatory technology development for agroforestry extension: an innovation-decision approach [J]. African journal of agricultural research, 2007, 2 (8).

[53] REED MS. Stakeholder participation for environmental management: a literature review [J]. Biological conservation, 2008, 141 (10).

[54] RENN O, WEBLER T, RAKEL H, et al. Public participation in decision making: a three step procedure [J]. Policy sciences, 1993, 26 (3).

[55] RICHARDS C, BLACKSTOCK K, CARTER C, et al. Practical approaches to participation [M] //Carter C & Spash C L. Social-Economic Research Group, Macauley Institute, 2004.

[56] ROWE G & FREWER L J. Public participation methods: a framework for evaluation in science [J]. Social science electronic publishing, 2000, 25 (1).

[57] ROWE G & FREWER L J. Evaluating public-participation exercises: a research agenda [J]. Science, technology & human values, 2004, 29 (4).

[58] ROWE G & FREWER L J. A typology of public engagement mechanisms [J]. Science, technology & human values, 2005, 30 (2).

[59] ROBERTS R. Public involvement: from consultation to participation [M] // Vanclay F & Bronstein D A. Environmental and social impact assessment. New York: John Wiley, 1995.

[60] SARVARZADEH S K, ABIDIN S Z. Problematic issues of citizens' participation on urban heritage conservation in the historic cities of Iran [J]. Procedia-social and behavioral sciences, 2012, 50.

[61] SCHEYVENS R. Ecotourism and the empowerment of local communities [J]. Tourism management, 1999, 20 (2).

［62］ SHACKLEY M. Visitor management: case studies from world heritage sites［M］. Oxford: Butterworth-Heinemann, 1998.

［63］ SIMMONS D G. Community participation in tourism planning［J］. Tourism management, 1994, 15（2）.

［64］ SIRISRISAK T. Conservation of Bangkok old town［J］. Habitat international, 2009, 33（4）.

［65］ SPENCER D M. Facilitating public participation in tourism planning on American Indian reservations: a case study involving the nominal group technique［J］. Tourism Management , 2010, 31（5）.

［66］ TEO P & HUANGB S. Tourism and heritage conservation in Singapore［J］. Annals of tourism research, 1995, 22（3）.

［67］ VENN T J & QUIGGIN J. Accommodating indigenous cultural heritage values in resource assessment: Cape York Peninsula and the Murray – Darling Basin, Australia［J］. Ecological economics, 2007, 61（2）.

［68］ WARBURTON D. Participatory action in the countryside: a literature review［J］. Countryside commission ccwp, 1997.

［69］ WARRINER G K. Public participation and environmental planning［M］// Fleming, Thomas. The Environment and Canadian Society. Toronto: ITP Nelson, 1997.

［70］ WEBLER T, TULER S & KRUEGER R. What is a good public participation process? Five perspectives from the public［J］. Environmental management, 2001, 27（3）.

［71］ WELLS M P & MCSHANE T O. Integrating protected area management with local needs and aspirations［J］. Ambio, 2004, 33（8）.

［72］ XIANG Y. Global – local relationships in world heritage: Mount Taishan, China［D］. Waterloo: The University of Waterloo, 2009.

［73］ YUNG EHK & CHAN EHW. Problem issues of public participation in built-heritage conservation: two controversial cases in Hong Kong［J］. Habitat international, 2011, 35（3）.

中文

［1］艾伯特·奥·赫希曼．转变参与——私人利益与公共行动［M］．李增刚，译．上海：上海人民出版社，2008．

［2］敖景辉．开平碉楼文化探索及相关旅游品开发研究——以茶具为例［J］．装饰，2013（1）．

［3］Crawford P，密苏里州立公园 ADA 指导委员会对公众参与有效性的评价［J］．刘健，译．国外城市规划，2002（2）．

［4］蔡定剑．公众参与：欧洲的制度和经验［M］// 秦奥蕾．英国公众参与的主体及其作用．北京：法律出版社，2009a．

［5］蔡定剑．公众参与：风险社会的制度建设［M］．北京：法律出版社，2009b．

［6］蔡定剑．公众参与及其在中国的发展［J］．团结，2009c，（4）．

［7］柴寿升，龙春凤，常会丽．基于社区居民感知的景区旅游开发与社区利益冲突研究——以崂山风景区为例［J］．中国海洋大学学报（社会科学版），2012（2）．

［8］陈光潮，邵红梅．波特—劳勒综合激励模型及其改进［J］．学术研究，2004（12）．

［9］陈金华，黄家仪．基于公众感知与参与视角的澳门文化遗产保护研究［J］．乐山师范学院学报，2010，25（4）．

［10］陈振金．环境影响评价中公众参与的实践［J］．上海环境科学，1995，14（11）．

［11］程建军．开平碉楼——中西合璧的侨乡文化景观［M］．北京：中国建筑工业出版社，2007．

［12］蔡文祺．世界文化遗产保护步入公众参与时代——专访台湾文化遗产法专家谢银玲博士［J］．东方收藏，2011（9）．

［13］陈少君．公众参与社区志愿服务的影响因素与对策——以湖北省 H 市的 15 个社区为例［J］．社会工作，2007（6）．

［14］陈勇．信任：政府公共政策制定与公众参与之间的纽带［J］．湖北民族学院学报（哲社版），2007，25（6）．

［15］陈兆玉．城市规划与管理中公众参与问题的探讨［J］．测绘信息与工程，1998（3）．

［16］程胜高，鱼红霞．增强环境影响评价中公众参与有效性的探索［J］．环境保护，2002（1）．

［17］崔浩．行政立法公众参与有效性研究［J］．法学论坛，2015，30（4）．

［18］戴伦·J. 蒂莫西，斯蒂芬·W. 博伊德．遗产旅游［M］．程尽能，主译．北京：旅游教育出版社，2007.

［19］邓正恒．民间组织保育非物质文化遗产的实践——以广东开平市仓东教育基地及香港长春社文化古迹资源中心为例［J］．文化遗产，2015（6）．

［20］狄丽玲，卫翠芷，李浩然．开平碉楼的杰出价值［J］．中华遗产，2007（6）．

［21］丁枫，阮仪三．我国公众参与城乡遗产保护问题初探［J］．上海城市规划，2016（5）．

［22］董兴佩．论行政立法的公众参与机制［J］．学术交流，2004（2）．

［23］戴雪梅．和谐社会与公众参与问题研究［J］．求索，2006（8）．

［24］方俊，曹惠民．构建基于公众参与的政府绩效问责机制［J］．东北大学学报，2015，17（4）．

［25］龚坚．世界遗产保护的地方视角——以武夷山的城村为例［J］．东南文化，2009（6）．

［26］龚亚西，高颖玉．苏州城市遗产保护中的公众参与机制研究［J］．中外建筑，2016（10）．

［27］官永彬．民主与民生：分权体制下公众参与影响公共服务效率的经验研究［J］．经济管理，2016，38（1）．

［28］郭华．制度变迁视角的乡村旅游社区利益相关者管理研究［M］．广州：暨南大学出版社，2007.

［29］何丹，赵民．论城市规划中公众参与的政治经济基础及制度安排［J］．城市规划汇刊，1999（5）．

［30］何慕人．梁林故居保护中的公众参与和多方博弈［J］．中国文化遗产，2010（5）．

［31］何子张．基于主体利益相关性的城市规划公众参与［J］．现代城市研究，2009（64）．

［32］和莎莎．众包中公众参与行为影响因素实证分析［J］．商业经济研究，2016（3）．

［33］胡北明，王挺之．我国遗产旅游地的利益相关者分析：两个对立的案例［J］．云南师范大学学报，2010，42（3）．

［34］胡北明，雷蓉．监督与管理：遗产资源保护与开发的制度性监督机制构建研究［J］．四川理工学院学报（社会科学版），2015（2）．

［35］胡春华，游晓兰．公众参与民族民间文化遗产保护的法理基础及制度安排［J］．西华大学学报（哲社版），2008（6）．

［36］胡云．论我国城市规划的公众参与［J］．城市问题，2005（4）．

［37］黄芳铭．结构方程模式：理论与应用［M］．台北：五南图书出版公司，2006．

［38］黄宁．公众参与环境管理机制的初步构建［J］．环境保护，2005（13）．

［39］黄鸥翔，葛岩，刘长征．加拿大资源管理规划中的公众参与［J］．国土与自然资源研究，1991（4）．

［40］黄小杭．对新时期遗产保护中公众与政府合力的思考［J］．杭州通讯，2008（6）．

［41］黄岩，吴克昌．论公众参与和政府回应机制的重构［J］．甘肃社会科学，2005（1）．

［42］贾鹤鹏．谁是公众，如何参与，何为共识？——反思公众参与科学模型及其面临的挑战［J］．自然辨证法研究，2014，30（11）．

［43］贾丽奇，邬东璠．公众"实质性"参与天坛遗产保护的问题及思考——基于天坛利益相关者意愿与诉求的实证研究［J］．中国园林，2014（4）．

［44］贾西津．中国公民参与——案例与模式［M］．北京：社会科学文献出版社，2008．

［45］贾生华，陈宏辉．利益相关者的界定方法述评［J］．外国经济与管理，2002，24（5）．

［46］贾生华，陈宏辉．全球化背景下公司治理模式的演进趋势分析［J］．中国工业经济，2003（1）．

［47］金一，严国泰．基于社区参与的文化景观遗产可持续发展思考［J］．中国园林，2014（3）．

［48］李春梅．城镇居民公众参与态度研究——以成都市为例［D］．成都：西南交通大学，2005．

［49］李春梅．公众参与态度的因子探析——基于成都市的调研数据［J］．贵州社会科学，2013，280（4）．

［50］李东兴．论知识差距与政治参与［J］．理论与改革，2003（2）．

［51］李菲，崔尧．多方协同治理视角下公众参与环境影响评价研究
［J］．广西社会科学，2016（8）．

［52］李国旗．我国公众参与行政决策动力机制研究［J］．中共天津
市委党校学报，2015（1）．

［53］李洪峰．我国食品安全社会共治中公众参与主体的界定［J］．
食品工业科技，2016（17）．

［54］李俊辉．从社区成人教育观点探讨公民参与政策执行的可行性
做法［J］．社教双月刊，2000，96．

［55］李强，王红艳．少数民族文化遗产旅游中社区自主权的思考
［J］．青海民族研究，2008（2）．

［56］李如生．美国国家公园管理体制［M］．北京：中国建筑工业出
版社，2005．

［57］李新民，李天威．中西方国家环境影响评价公众参与的对比
［J］．环境科学，1998，（S1）．

［58］李天威，李新民，王暖春，等．环境影响评价中公众参与机制
和方法探讨［J］．环境科学研究，1999，12（2）．

［59］李昕．公民社会参与非物质文化遗产保护的学理性分析［J］．
民族艺术，2008，（12）．

［60］李向北，王裴．公众参与城市历史街区更新的途径——以成都
宽窄巷子为例［J］．西华大学学报（哲学社会科学版），2007（2）．

［61］李潇．浅谈历史街区保护中的公众参与［J］．山西建筑，2009，
35（13）．

［62］梁冰瑜，彭华，翁时秀．旅游发展对乡村社区人际关系的影响
研究——以丹霞山为例［J］．人文地理，2015（1）．

［63］梁江川，周志红．开平碉楼世界文化遗产旅游开发研究——基
于现实市场与潜在市场的对比分析［J］．旅游论坛，2009，2（1）．

［64］梁江川，张伟强．基于活动偏好市场细分的旅游产品谱系开
发——以开平碉楼世界文化遗产为例［J］．旅游学刊，2009，24（9）．

［65］梁鹤年．公众（市民）参与：北美的经验与教训［J］．城市规
划，1999（5）．

［66］林丹彤，卢伟亮．"开平碉楼与村落"的保护及旅游开发研究
［J］．特区经济，2010（5）．

［67］林龙飞，许泽雄．世界遗产地福建永定客家土楼社区居民旅游

参与研究［J］. 湖南财经高等专科学校学报，2009，25（2）.

　　［68］蔺起梅. 环评中公众参与有效性的途径［J］.2005，18（2）.

　　［69］刘爱河. 提高民众文化遗产意识保护的思考［J］. 晋中学院学报，2008，25（2）.

　　［70］刘爱河，燕海鸣. 社会组织：文化遗产保护中不可或缺的力量［J］. 中国文物科学研究，2016（3）.

　　［71］刘翠. 世界遗产地保护与周边社区发展的博弈关系分析——以武夷山风景名胜区为例［D］. 福州：福建农林大学，2010.

　　［72］刘春凯. 英国文化遗产保护的公众参与借鉴［J］. 中国名城，2016（6）.

　　［73］刘婧. 历史文化遗产保护中的公众参与［D］. 重庆：重庆大学，2007.

　　［74］刘敏. 天津建筑遗产保护公众参与机制与实践研究［D］. 天津：天津大学，2012.

　　［75］刘奇志. 公众参与与城市规划（摘登）［J］. 城市规划，1991，（1）.

　　［76］刘旺，杨敏. 旅游资源保护激励机制探析［J］. 四川师范大学学报（社会科学版），2005，32（5）.

　　［77］刘小蓓，高伟. 制度增权：广东开平碉楼传统村落文化景观保护的社区参与思考［J］. 中国园林，2016（1）.

　　［78］刘修兵. "认养"碉楼：30 年 30 万元［N］. 中国文化报，2010 - 07 - 09（001）.

　　［79］柳建文. 少数民族公民有效政治参与的影响因素及其实现途径——对西部民族地区的一项实证分析［J］. 宁夏社会科学，2005（1）.

　　［80］罗豪才，宋功德. 软法亦法——公共治理呼唤软法之治［M］. 北京：法律出版社，2009.

　　［81］罗小龙，张京祥，张洪. 元管治：规范化的自组织协调机制——元管治与我国城市规划公众参与组织形式的构建［J］. 人文地理，2002，17（2）.

　　［82］罗玉蓉. 开平碉楼与村落旅游资源开发的冷思考［J］. 桂林旅游高等专科学校学报，2008，19（1）.

　　［83］马洪雨. 非物质文化遗产保护公众参与的法律制度构建［J］. 甘肃政法学院学报，2007（1）.

　　［84］孟华. "世界遗产地"利益相关者图谱构建——以泰山为例

［J］．泰山学院学报，2008（5）．

［85］孟华，焦春光．世界遗产地社区居民参与旅游发展研究——以泰山为例［J］．泰山学院学报，2009，31（5）．

［86］闵忠荣，丁小兰，郑林．城市规划中的公众参与——以南昌为例［J］．城市问题，2002（6）．

［87］黎晓武，杨海坤．论地方立法中公众参与制度的完善［J］．江西社会科学，2004（7）．

［88］彭分文，陈栋．建立环境友好型社会的公众参与激励机制探析［J］．广东社会科学，2009（6）．

［89］彭顺生．世界遗产旅游概论［M］．北京：中国旅游出版社，2008．

［90］任丙强．西方环境决策中的公众参与：机制、特点及其评价［J］．行政论坛，2011（1）．

［91］荣泰生．AMOS 与研究方法［M］．重庆：重庆大学出版社，2010．

［92］阮仪三，丁枫．中国城市遗产保护和民间力量的成长［J］．建设科技，2007（17）．

［93］单霁翔．从"文物保护"走向"文化遗产保护"［M］．天津：天津大学出版社，2008．

［94］邵甬．法国建筑·城市·景观遗产保护与价值重现［M］．上海：同济大学出版社，2010．

［95］申秀英，刘沛林，Abby Liu．开平碉楼景观的类型、价值及其遗产管理模式［J］．湖南文理学院学报（社会科学版），2006，31（4）．

［96］沈海虹．美国文化遗产保护领域中的税费激励政策［J］．建筑学报，2006（6）．

［97］施春煜．空间技术在集中型遗产地和分散型遗产地保护监测中的应用——以杭州西湖文化景观和苏州古典园林为例［J］．中国园林，2013（9）．

［98］宋瑞．我国生态旅游发展：利益相关者视角分析［J］．杭州师范学院学报（社会科学版），2004（5）．

［99］谭金花．乡村文化遗产保育与发展的研究及实践探索——以广东开平仓东村为例［J］．南方建筑，2015（1）．

［100］王春雷．基于有效管理模型的重大事件公众参与研究——以

2010 年上海世博会为例［D］．上海：同济大学，2008.

［101］王纯阳，黄福才．基于多方博弈的村落遗产地旅游开发模式形成机理研究——以开平碉楼与村落为例［J］．数学的实践与认识，2013，43（1）．

［102］王凤．公众参与环保行为的影响因素及其作用机理研究［D］．西安：西北大学，2007.

［103］王红军．美国建筑遗产保护历程研究——对四个主题性事件及其背景的分析［M］．南京：东南大学出版社，2009.

［104］王华，梁明珠．公众参与公共性遗产资源保护的影响因素分析——中国香港保留皇后码头事件透视［J］．旅游学刊，2009（4）．

［105］王娟．浅析历史街区更新中的公众参与——以扬州东关街为例［J］．改革与开放，2009（6）．

［106］王京传．旅游目的地治理中的公众参与机制研究［M］．北京：科学出版社，2016.

［107］王林．旅游社区的非体制精英与文化遗产保护——以宣科与丽江古乐为例［J］．社会科学家，2008（5）．

［108］王林，廖国一．从困境到理性：村落遗产旅游中的自组织研究——以龙脊平安寨为例［J］．旅游科学，2013，27（2）．

［109］王琳．公共管理中的公众参与问题分析［J］．广西社会科学，2006（2）．

［110］王青斌．论公众参与有效性的提高——以城市规划领域为例［J］．政法论坛，2012，30（4）．

［111］王锡锌．行政过程中公众参与的制度实践［M］．北京：中国法制出版社，2008.

［112］王锡锌．利益组织化、公众参与和个体权利保障［J］．东方法学，2008（4）．

［113］王卓，吴迪．公民意识表现及其影响因素研究［J］．社会科学研究，2010（4）．

［114］万玲．公众政策参与的逻辑推演与路径分析［J］．大连干部学刊，2009，25（8）．

［115］汪宏儿．强化公众参与，推进管理创新——关于实施公示制度的几点思考［J］．环境污染与防治，2001（6）．

［116］汪丽君，舒平，侯薇．冲突、多样性与公众参与——美国建筑

历史遗产保护历程研究［J］．建筑学报，2011（5）．

［117］吴麟．公众参与的"媒体驱动型"特征［J］．学术界，2010（4）．

［118］吴明隆．结构方程模型——AMOS 的操作与应用［M］．重庆：重庆大学出版社，2010.

［119］吴明隆．问卷统计分析实务——SPSS 操作与应用［M］．重庆：重庆大学出版社，2011.

［120］吴思红．国外城市民主治理中公众参与机制及其启示［J］．湖北行政学院学报，2010（1）．

［121］肖欢欢．碉楼申遗成功之后，抱着金饭碗没饭吃［N］．广州日报，2010 - 12 - 14（008）．

［122］肖萍，卢群．城市治理过程中公众参与问题研究——以政府特许经营 PPP 项目为对象［J］．南昌大学学报（人文社会科学版），2016（6）．

［123］萧扬基．台湾中部地区高中生公民意识及相关因素之研究［R］．国立行政院国家科学委员会专题研究计划成果报告，1989.

［124］萧扬基．学校公民教育与公民意识［J］．研究与动态，2000（2）．

［125］谢彦君．论旅游的本质与特征［J］．旅游学刊，1998（4）．

［126］谢元鲁．世界遗产：公共产权的转移与约束［J］．桂林旅游高等专科学校学报，2004，15（1）．

［127］熊淑媛．公民、公民意识与政治文明［J］．理论探索，2005（5）．

［128］许彩明，于晓明．我国大型体育赛事微博营销公众参与意愿影响因素的研究［J］．体育与科学，2015，36（1）．

［129］徐丹丹．"碉楼认养"中的法律问题与应对之策［J］．法制博览，2016（2）．

［130］徐卫华，月亮．"集体表象"与立法中的公众参与：另类视角的审视［J］．陕西行政学院学报，2011，25（2）．

［131］徐晓日，李天恩．新媒体对中国公众参与的影响研究［J］．电子政务，2014（8）．

［132］薛风平，王义．结构方程模型的社区居民政治参与影响因素实证分析［J］．济南大学学报（社会科学版），2008，18（3）．

［133］薛岚，吴必虎，齐莉娜．中国世界遗产的价值转变和传播理念的引出［J］．经济地理，2010，30（5）．

［134］杨秋波，王雪青．基于扎根理论的可持续建设与公众参与关系机理研究［J］．软科学，2011，25（9）．

［135］燕海鸣．考古遗址的公众参与：一项国际比较研究［J］．东南文化，2014（3）.

［136］叶斌，苏玲．论历史文化名城保护中的公众权益——以南京的经验为例［J］．现代城市研究，2005（2）.

［137］叶正洪．社会转型时期文物保护的公众参与问题［J］．北方文物，2005（2）.

［138］殷成志．德国城市建设中的公众参与［J］．城市问题，2005（4）.

［139］阴劼，杨雯，孔中华．基于 ArcGIS 的传统村落最佳观景路线提取方法——以世界文化遗产：开平碉楼与村落为例［J］．规划师，2015（1）.

［140］游欣仪．台北市社区大学学员公民意识、公民参与行为及其影响因素之研究［D］．台北：国立中山大学教育研究所，1992.

［141］约翰·克莱顿·托马斯．公共决策中的公民参与［M］．孙柏英，等，译．北京：中国人民大学出版社，2010.

［142］俞可平．治理与善治［M］．北京：社会科学文献出版社，2000.

［143］俞可平，王颖．公民社会的兴起与政府善治［J］．中国改革，2001（6）.

［144］郇庆治，杨晓燕．公众环境政治参与：公民社会的视角［J］．当代世界社会主义问题，2004（2）.

［145］张保伟．公众环境参与的结构性困境及化解路径——基于协商民主理论的视角［J］．中国特色社会主义研究，2016（4）.

［146］张朝枝．国外遗产旅游与遗产管理研究——综述与启示［J］．旅游科学，2004，18（4）.

［147］张朝枝，游旺．遗产申报与社区居民遗产价值认知：社会表象的视角——开平碉楼与村落案例研究［J］．旅游学刊，2009，24（7）.

［148］张朝枝，邓曾．旅游发展与农民土地意识变迁——开平雕楼与村落案例研究［J］．广西民族大学学报（哲学社会科学版），2009，31（S1）.

［149］张丹丹，沈关宝．公民社会的发育与形成——民间社会组织的培育与公民的有序参与［J］．学术界，2011（6）.

［150］张国雄，谭金花．"开平碉楼与村落"的遗产属性与保护措施［J］．文化遗产，2007（1）.

［151］张帆．新媒体技术在文化遗产保护的应用研究［J］．艺术科

技，2015（11）．

［152］张皓云．互联网公众参与：一种新的公众参与政治民主方式[J]．贵州民族学院学报（哲学社会科学版），2011（1）．

［153］张佳，华晨，杜睿杰．香港历史建筑保育中"公众参与"的有效性研究[J]．城市发展研究，2014，21（8）．

［154］张维亚．基于 WebGIS 的文化遗产旅游地公众参与管理模式初探[J]．金陵科技学院学报（社会科学版），2008，22（1）．

［155］张铭心，徐婉玲．文化遗产保护和社区参与研究——以高昌故城为例[J]．中央民族大学学报（哲学社会科学版），2010，37（3）．

［156］张顺杰．国外文化遗产保护公众参与及对中国的启示[J]．法制与社会，2009（32）．

［157］张松．日本历史环境保护的理论与实践——法律、政策与公众参与[J]．华中建筑，2001，19（4）．

［158］张松．历史城市保护学导论——文化遗产和历史环境保护的一种整体性方法（第二版）[M]．上海：同济大学出版社，2008.

［159］张素英．增强公众参与遗产保护意识的途径分析[J]．杭州通讯，2008（6）．

［160］张万胜．开平碉楼活化利用探索——以自力村 4 座碉楼为例[J]．五邑大学学报（社会科学版），2016，18（3）．

［161］张晓杰，娄成武，耿国阶．评估公众参与公共决策：理论困境与破解路径[J]．上海行政学院学报，2016，17（5）．

［162］张玉强，帅学明．公众科学素养对公民参与公共政策制定的影响[J]．云南行政学院学报，2006（4）．

［163］张正河，陆娟．管理学[M]．北京：中国农业大学出版社，2003.

［164］臧志军．"治理"：乌托邦还是现实？[J]．探索与争鸣，2003（3）．

［165］赵德关．城市管理公众参与的理性思考[J]．上海城市管理职业技术学院学报，2006（3）．

［166］赵奥，武春友．公众参与资源管理的影响因素识别研究[J]．当代经济管理，2010，32（7）．

［167］郑利军，杨昌鸣．历史街区动态保护中的公众参与[J]．北京城市规划，2005，29（7）．

［168］郑彦妮，蒋涤非．公众参与城乡规划的实现路径[J]．湖南大

学学报（社会科学版），2013，27（2）.

[169] 周江评，孙明洁. 城市规划和发展决策中的公众参与——西方有关文献及启示 [J]. 国外城市规划，2005，20（4）.

[170] 周俭，张恺. 在城市上建造城市——法国城市历史遗产保护实践 [M]. 北京：中国建筑工业出版社，2003.

[171] 朱海勇，孟斌，张景秋. 数字化技术和三山五园文化遗产保护与利用 [J]. 北京联合大学学报（自然科学版），2016，30（1）.

[172] 左冰，保继刚. 从"社区参与"走向"社区增权"——西方"旅游增权"理论研究述评 [J]. 旅游学刊，2008，23（4）.

后　记

书稿即将付梓，我的心中充满了喜悦，但同时也有些忐忑不安。著书的过程并非一帆风顺，调研中时常遇到被访者的拒绝、不配合甚至是讥讽，处理数据时遇到棘手的问题，写作时常常被两个年幼的孩子干扰，只能在夜深人静时奋笔疾书……如今看到自己的研究成果即将出版，确实是一件值得高兴的事情。然而，囿于自己的学识，本书难免有疏漏之处，真诚希望读者不吝指出，以便今后能够补正。

在著书过程中，我深感学无止境的压力，如果没有各位老师、亲朋好友的指导与帮助，本书不可能付梓，在此对他们的鼓励、支持与帮助致以最真诚的感谢！

首先要感谢我最敬重的导师刘人怀院士。刘院士学识渊博、治学严谨、平易近人，总是鼓励我将学问做深、做扎实。他通过言传身教，告诉我如何做学问，如何为人处事。每次与导师交流，我总是受益匪浅。刘院士对本书的选题、构思和结构安排都提出了很好的意见。这次又在百忙之中，为本书作序。我深感唯有加倍努力，才能不辜负导师的期望。同时，非常感谢暨南大学梁明珠教授为本书提出了不少宝贵意见。梁教授还为我提供了许多实践的机会，让我能够学以致用。每次与她交流，除了收获学术上的知识，还开拓了眼界，并获得对生活的感悟。

感谢四川大学王挺之教授和杨振之教授、山东大学宋振春教授和许峰副教授、华南师范大学徐颂军教授，与他们交流，拓宽了我的研究思路，一些难题也迎刃而解。感谢暨南大学温碧燕教授、华南理工大学戴光全教授在我博士论文答辩时提出的意见与建议，这对我以后的研究大有裨益。同时非常感谢华南农业大学林学与风景园林学院的各位领导、同事给予我的支持与帮助，尤其是赵凤书记、李吉跃院长、林同副院长、郭迪杰副院长以及教务处曾曙才副处长，他们十分关心我的成长，在我著书期间特意减轻我的工作任务，使我能够全力以赴写好书稿。

在论文调研期间，我得到了许多人的热情帮助。特别鸣谢开平碉楼旅游发展有限公司副总经理周洽强，他为我的调研工作提供了多方面的支持与帮助，并在百忙之中拨冗接受访谈且提供了许多宝贵的材料；感谢开平碉楼各景区的主管谢敏宜、曾艳、陈昶旭、司徒春秋等；感谢开平市文物局局长李佳才、开平市旅游局副局长谭晓华、五邑大学谭金花老师等接受我的访谈并提供相关素材；感谢我的学生马丹丽、王秋娜、庞晓欣、朱嘉焕、蔡文映、梁雅晶协助我在乡间调研；感谢南湖国旅的师弟严冲帮我发放问卷。在调研时，许多热心的村民和游客无私地接受我们的访谈，协助我们填写问卷，在此对他们一并表示感谢！

此外，感谢师兄文彤副教授一直以来对我的关心与支持，若不是他的鼓励，本书恐怕难以面世；感谢师姐郭华副教授在我感到困惑时能够从旁指引，同时也感谢师门好友唐慧、郑敏庆、廖卫华、伍锋、谢祥项、王伟、梁江川给予我的支持，特别是唐慧在我处理问卷数据遇到困难时对我耐心指导，与她交流我常有茅塞顿开之感。感谢好友兴兴、高伟、Aaron、博睿、谢刀刀对我写作遇阻时"骚扰"他们的行为没有丝毫的厌恶，反而经常帮我排忧解难。

非常感激本书的责任编辑潘雅琴女士对我这个有着严重拖延症作者的宽容与理解，感谢她对书稿提出的修改意见以及耐心细致、不厌其烦地一遍遍审读，以提升书稿的质量。

最后，我要感谢我的父母和姐姐们，是他们无私的爱与帮助成就了我的一切！同时，也要感谢我善良的公公、婆婆，在我最需要帮助的时候，他们总是毫无怨言地为我做好后勤工作。如今公公因病去世了，可我相信如果他看到这本书出版，一定会为我高兴的。感谢我的先生和两个可爱的儿子，他们是我努力的动力！

刘小蓓

2017 年 5 月于广州